歴史文化ライブラリー
423

犬と鷹の江戸時代

〈犬公方〉綱吉と〈鷹将軍〉吉宗

根崎光男

JN169844

吉川弘文館

目　次

動物好きの将軍の影響力——プロローグ

1　動物好きの将軍の影響力

生活を潤すペットたち

朝夕に犬を連れ散歩する老若男女をよく見かける。ときどきマナーの悪い人にも出会うが、大方の犬の散歩は微笑ましい光景である。街中では、犬猫病院・動物病院・ペットショップ・猫カフェなどの看板が目に付き、スーパーマーケットに入るとペットフードやペットグッズが所狭しと並んでいる。それ以外にも、ブリーダー・トリマーなどの職業も大方の人には知られるようになった。動物にかかわる産業が成長し多様化していることがわかる。〝ペットブーム〟といわれて久しいが、今でも続いているのだろうか。

二〇一〇年十一月の内閣府による動物愛護に関する世論調査（二十歳以上の男女三〇〇〇人を対象）によると、ペットを飼っていると回答した人は全体の三四・三％、およそ三人に一人がペットを飼っていた。もっとも多く飼われていたのは犬で五八・六％、次いで猫の三〇・九％、魚類一九・四％、鳥類五・七％と続いている。犬が圧倒的人気なのに対して、鳥類は一九七九年の三七・六％から急激な下降線をたどっている。

また、ペットフード協会が発表した全国犬猫飼育実態調査（インターネットによる調査で五万人を対象）によると、二〇一四年の推計飼育頭数は犬が過去三年間で一三％減の約一〇三五万匹、猫がこの間三・七％増の約九九六万匹であった。小型犬ブームが落ち着き、散歩やしつけの手間から犬を飼う人が減る一方、散歩の必要がなく、単身者でも飼いやすいという理由で猫を飼う人が増えている。猫を複数飼育する世帯も増えており、このペースだと一五年には猫の飼育頭数が犬を逆転するとみられている。

現在でも、犬・猫に限らず、鳥類・魚類なども飼育され、多くの動物がペットとして人の生活を潤しており、〝ペットブーム〟はなお続いているといってよいのであろう。

江戸のペット事情

こうした〝ペットブーム〟がいつ頃はじまったのかといえば、現代社会のペット飼育の盛況とは比べようもないが、ペットを飼うということが上流階級だけでなく、庶民にまで広まったという意味において、江戸時代と考えてよいのではないだろうか。その背景には、戦国の争乱が元和元年（一六一五）の大坂夏の陣による豊臣氏の滅亡で終息し、まさに〝元和偃武《げんなえんぶ》〟が実現し、平和な時代の到来があった。

ペットの飼育は、江戸時代には外国から輸入したものを含めて、実にさまざまな種類におよんでいた。鎖国の完成前後、大名や江戸参府したオランダ商館長がオランダ船の船載してきた珍しい動物を将軍家に献上し、大名自らもオランダ商館や中国商人を通して購入していた。寛永十年（一六三三）には長崎奉行曾我古祐《そがひさすけ》が将軍家にインコ三羽・猿一匹、同十二年には平戸藩主松浦隆信《まつらたかのぶ》がインコ・かしはり（火食鳥《ひくいどり》）、同十五年のオランダ商館長の江戸参府ではペルシャ馬、同十六年にはかるこん鳥（七面鳥）と犬二匹、正保三年（一六四六）には駱駝《らくだ》二頭を献上した。慶安元年（一六四八）と同三年には和歌山藩主徳川《とくがわ》頼宣《よりのぶ》がオランダ商館からそれぞれ水牛二頭と猟犬二匹を購入し、寛文七年（一六六七）には水戸藩主徳川光圀《みつくに》が注文した猿三匹と麝香猫《じゃこうねこ》三匹などが中国船によって船載されてきた。江戸時代を通して、将軍や大名が手に入れた舶来動物は相当な数量にのぼる。

元禄時代は、町人文化が花開いた時であったが、〝生類憐みの令〟が触れ続けられた時でもあった。綱吉政権は、生類の保護のために町村に「毛付帳《けつけちょう》」と呼ばれる飼育動物の毛色などを記した書上《かきあげ》の提出を命じ、現在、犬・猫・馬のものが確認できる。また、この時代に渡来したドイツ人ケンペルは、日本研究の成果をまとめた『日本誌《にほんし》』のなかで、猫にはペットとして飼われている尾の短い三毛猫がいるが、鼠を捕まえようともせず、女性に可愛がられているだけであると述べていた。

また幕府は、〝生類憐みの令〟のなかで、江戸町人の食用目的による魚類・鳥類の飼育を禁じたが、癒しとしての魚類・鳥類の飼育を容認していた。しかしまもなく、ほとんどの鳥類・亀類の飼育を禁じ、鶏・家鴨《あひる》・輸入鳥類の飼育だけを例外的に認めていた。さらに、江戸の町には癒し目的のキリギリス・松虫・鈴虫などの飼育を禁止する触書が達せられた。これらの虫は、その鳴き声を聞く〝虫聴《むしきき》〟の文化を表象するものであり、秋の風情を感じさせるものであった。こうした虫は、夏の蛍・蟬とともに路傍に屋台をおいて売る〝虫売り〟によって売られていた。

一八世紀の中頃には金魚の飼育も盛んで、寛延元年（一七四八）には安達喜之《あだちよしゆき》著『金魚養玩草《そだてぐさ》』が出版され、日本最初の金魚飼育手引書の刊行となった。金魚売りは夏の風物詩であったが、それまで上から見下ろしていた桶のなかの金魚を、ガラスの登場により〝金魚玉《だま》〟を作って中に入れ、上から吊り下げて見るようになり、「金魚を腹から見せるびいどろ屋」と詠まれた。

この頃になると、狆《ちん》が室内のペット犬として将軍や大名らによって飼われるようになり、庶民にも広まっていた。川柳には「こし元（腰元）によばせてちん（狆）をほへやませ」（明和四年『川柳評万句合《まんくあわせ》』）とあり、武家の奥方にペットとして飼われていた狆が腰元に懐いている様子がよくわかる。また、オランダとの貿易によって東洋・西洋の犬も持ち込まれており、そのなかには唐犬《とうけん》・オランダ犬が含まれていた。唐犬についての川柳では「とう犬ンハなげざや（投鞘）程に耳をたれ」（宝暦十三年『川柳評万句合』）があり、大型犬で長く垂れた耳が特徴のものもいたようである。そして、天保十三年（一八四二）には、暁鐘成《あかつきかねなり》著『犬狗養畜伝《けんくようちくでん》』が出版され、江戸時代唯一の犬の飼育書が刊行された。

このように、江戸時代には犬・猫・二十日鼠《はつかねずみ》・鳥・金魚・虫などが飼われ、鳥については駒鳥《こまどり》・鸚鵡《おうむ》・文鳥《ぶんちょう》・カナリヤの人気が高く、鶯《うぐいす》であれば鳴き合わせを楽しみ、鶉《うずら》は「ご吉兆」の鳴き声が縁起がよいとして好まれた。時の政権によって、飼育動物への対応もさまざまであったが、舶来動物を含めてペットの飼育が途絶えることはなく、人の暮らしに潤いを与えてきたことは確かであった。こうした人と飼育動物との関係は、歴史史料だけでなく、絵画や錦絵などからもうかがい知ることができる。

犬と鷹の歴史

数多くいる動物のなかで、本書の主役がなぜ犬と鷹なのか。この両者が動物のなかで格別な存在だからというのではなく、歴史のなかでひときわ異彩を放つときがあったからである。とはいえ、犬と鷹はそれぞれに生物としての歩みがあり、人とのかかわりのなかでもさまざまな歴史を築いてきた。

日本の歴史のなかでは、犬に比べれば、鷹のほうが特別な存在であったといえるだろう。

わが国における鷹の歴史は、そのまま鷹狩りの歴史でもあった。このため、鷹は権力者の鷹狩りで用いられることによって「御鷹《おたか》」と呼ばれ、権威性を帯びてきた。為政者によって「御鷹」の歩みもさまざまであったが、鷹狩りが途絶えることはなかった。今でも放鷹《ほうよう》術《じゅつ》が民間で伝承されているのは、喜ばしいかぎりである。

一方、犬は縄文時代には猟犬として用いられ、また平安時代からは愛玩犬としての歩みもあり、大陸からやってきたものを含めて人の暮らしのなかで大切に扱われてきた。江戸時代にはペット犬・猟犬・番犬・食料・鷹の餌としての犬の利用があり、そのほか野生の犬や野良犬もいて人々を恐怖に陥れていた。そして、愛玩や狩猟の目的のために、ヨーロッパやアジア諸国から輸入された犬もいた。オランダ犬・唐犬と呼ばれた犬がそれである。現在、犬の利用は愛玩犬・番犬・猟犬・警察犬・盲導犬・麻薬犬・介護犬などと多岐にわたっており、人への貢献は計り知れない。

こうしてみると、犬や鷹は人と密接な関係を築きながら長い歴史を刻んできた。平安時代、鷹を扱う者は鷹飼《たかがい》、犬を扱う者は犬飼《いぬかい》と呼ばれていた。犬飼は犬養《いぬかい》とは異なり、鷹狩りの際に獲物を追い出すための犬を馴養する者のことで、天皇の野行幸の際には美麗な装束をつけて参加していた。この鷹狩りに奉仕する犬は鷹犬《たかいぬ》と呼ばれた。犬や鷹は鷹狩りの場では欠かせないものであり、ともに人に奉仕する存在であった。

動物は人とのかかわりのなかで記録され描かれ、歴史に刻まれることによって、人との関係や社会での位置づけが示されてきた。犬も、鷹も、人の用途によってそれぞれの役割があり、それぞれの歴史を築いてきたのである。

「犬公方」綱吉と「鷹将軍」吉宗

ところで、犬や鷹とかかわりの深い江戸時代の人物を考えてみると、当然のことながら「犬公方《いぬくぼう》」＝五代将軍徳川綱吉《とくがわつなよし》と「鷹将軍《たかしょうぐん》」＝八代将軍徳川吉宗《よしむね》がすぐに浮かんでくる。両者の時代の間隔はある程度の期間が空いていると思われがちだが、将軍の在任期間をみてみると意外にも近接している。

将軍綱吉が死去したのが宝永六年（一七〇九）正月十日、吉宗が将軍に就任したのが享保元年（一七一六）八月十三日である。この両者の間には、六代将軍徳川家宣《いえのぶ》と七代将軍家継《いえつぐ》との二人の将軍の時代があるのだが、その期間は二人合わせても八年に満たず、五代将軍綱吉の死去から八年後には吉宗が八代将軍に就任していたのである。

綱吉は正保三年（一六四六）正月四日の生まれ、館林《たてばやし》藩主を経て将軍の在任期間は延宝八年（一六八〇）八月二十三日から宝永六年正月十日まで、主として元禄を中心とする時代である。一方、吉宗は貞享元年（一六八四）十月二十一日の生まれ、和歌山藩主の就任に伴い、将軍綱吉から一字拝領を受け、頼方《よりかた》から吉宗に改め、将軍の在任期間は享保元年八月十三日から延享二年（一七四五）九月二十五日まで、主として享保を中心とする時代であった。

綱吉の将軍在任時、吉宗は一大名であったわけで、その政治と無縁ではなかった。吉宗は綱吉政権の政治手法を見ていたし、その影響も受けていたのである。綱吉の政治といえば、生類憐み政策がすぐに想起され、このなかで巨大な犬小屋を造成して犬を保護したことは有名な話だが、一方で鷹狩りを中止し、放鷹制度を廃止していたことはあまり知られていない。その鷹狩りや放鷹制度を復活したのが将軍の吉宗であり、実は犬対策にも積極的に取り組んでいたのである。

綱吉が「犬公方」、吉宗が「鷹将軍」と呼ばれたことはよく知られるところだが、それぞれの個性や政治を象徴するものとして前者が犬、後者が鷹と見られたのであろう。日本の歴史上、将軍（公方）と動物の名の両方を冠してあだ名が付いたのはこの二人だけであり、動物にかかわる政治を積極的に行った将軍としても特筆できるのである。

本書の視点

綱吉と吉宗にかかわる歴史書は数多くあり、今でも異彩を放つ将軍としてその人と政治について研究が進んでいる。その個性と政治は魅力あるものであり、また両者の政治の比較も繰り広げられ、まだまだ研究の余地があるということだろう。

両者の政治の比較を通して、その特質を浮かび上がらせようとする言説は同時代にもあった。享保二年（一七一七）五月、吉宗の信任を得てその近くにいた儒者の室鳩巣《むろきゅうそう》は、門弟への私信のなかで「常憲院殿《じょうけんいんどの》（綱吉）の御代《みよ》には生類憐みによって諸人が難儀をした。このたび（吉宗の御代）は御殺生《せっしょう》（主として鷹狩り）のことで諸人が難儀するのではないかと思う」（「兼山秘策」）と推察していた。綱吉の死後八年余り、吉宗の将軍就任一年後のことである。この予想は当たっていたようであり、吉宗は享保初年の落書で「上（将軍）のおすきなもの御鷹野《おたかの》と下（庶民）の難儀」（「物揃」『江戸時代落書類聚』上巻）と皮肉られていた。

綱吉の生類憐み政策のなかで巨大な犬小屋を建設して保護されたのが犬であり、吉宗の将軍就任直後からはじめられた放鷹制度の再興は鷹の歩みそのものであった。この犬と鷹が当時の多くの人々にとって迷惑な存在になったことは確かであったが、そのあだ名に象徴されるように綱吉を犬、吉宗を鷹だけに収斂して捉えようとする見方は決して正しくはないのである。

綱吉は、生類憐み政策を断行した将軍であるだけに多くの動物にかかわる政治を行い、なかでも犬だけでなく鷹とも深くかかわり、一方、吉宗の政治のなかでも多くの動物が登場し、鷹ばかりでなく犬とも密接にかかわっていた。この犬や鷹の政治のために、当時の人々は翻弄され、それに奉仕せざるをえなかったのである。

動物の歴史は、人と動物との関係から生まれるだけではなく、人と人とが社会で取り持つ関係とも密接に結びついていた。特に、綱吉から吉宗の時代である一七世紀後半から一八世紀半ばにかけての間は、動物史においても大きな揺れ動きがあった。つまり、近世前期の大規模な田畑の開発により、鳥獣の生息する領域への人の進出によって人と動物との関係が激変し、そうしたなかで綱吉の生類憐み政策や鉄砲取締り政策が断行され、その死後の鉄砲使用の緩和によって殺生規制が弱まり、そして吉宗による新田開発や鷹狩りの復活とそのための鳥類保護・鉄砲取締り対策の強化という一連の流れは、人と動物との関係を政治権力が大きく動かしたという点で、特筆すべき時代であった。江戸はその周辺を巻き込んで都市化と自然の破壊とが進み、鉄砲取締り政策とともに犬対策や野鳥保護対策への取り組みをも必然化させていったのである。

本書では、そうした時代の政治・社会状況の変化を受けて、綱吉も、吉宗も、犬政策とも鷹政策とも密接にかかわらざるを得なかったことを検討し、天下を担った二人の将軍の犬と鷹の政策をその連続面と非連続面とを意識しながら、人と犬・鷹とのかかわりやそれを取り巻く社会動向についても考えていきたい。

綱吉政権と鷹

徳川綱吉と鷹狩り

「御鷹」の権威

鷹狩りは放鷹《ほうよう》ともいい、馴養した鷹を放って鳥類や小動物を捕らえる狩猟である。この鷹狩りは洋の東西を問わず、古くから行われ、わが国でもその歴史はきわめて長い。

『日本書紀《にほんしょき》』の仁徳四十三年（三五五）九月一日条に、仁徳天皇が百舌野《もずの》（現大阪府堺市）で百済《くだら》の帰化人酒君《さけのきみ》が馴養したクチ（鷹）を用いて狩りを行い、これにより多くの雉《きじ》を捕り、同月にはその馴養のために鷹甘部《たかかいべ》を設置したことが記録されている。これが記録に残る天皇の最初の鷹狩りを示す記事ということになる。しかしこれよりも、五世紀から七世紀にかけての国内の古墳のなかから出土した鷹や鷹匠《たかじょう》の埴輪《はにわ》のほうが、鷹狩りの歴史を示すものとしては親しみやすく、その事実を如実に示しているといえよう。

図1　鷹狩り用のタカ（「鷹狩一覧（教草）」国立公文書館蔵）

鷹狩りに用いる鷹は、多種にわたっていたが、その代表的なものが蒼鷹（大鷹）、鶻（隼）、鷂であった。

そして、八、九世紀の天皇は、鷹狩りの制度を整えていく一方で、私的な鷹の飼養を禁じ、許可した者以外の鷹の使用を認めなかった。特に、平安時代初期の嵯峨《さが》天皇は鷹好きで知られ、わが国最古の鷹の総合書「新修鷹経《しんしゅうようきょう》」三巻を勅撰《ちょくせん》させ、これを世に広めた。鷹狩りは古くから天皇の大《たい》権《けん》と結びつき、強大な権力者たちによって行われることになり、鷹は「御鷹《おたか》」と呼ばれて多くの人々を震撼させる存在となっていったのである。

鎌倉時代になると、源頼朝《みなもとのよりとも》は仏教を崇拝したこともあって鷹狩りをあまり好まず、御家人《ごけにん》の鷹狩りを禁じる法令をたびたび出した（『吾妻鏡』）。しかしこの時代、神社の供祭《ぐさい》にかかわる狩猟、すなわち贄鷹《にえたか》はその例外として認められていた。贄《にえ》とは鷹狩りによって捕らえた生贄《いけにえ》用の鳥であり、この贄を神に供える祭祀は古くから神社で行われていた。

一方、この時代、朝廷の鷹術《ようじゅつ》を伝える「鷹の家」として、公卿《くぎょう》の西園寺《さいおんじ》家（西園寺公経《きんつね》の系譜）と持妙院《じみょういん》家（持妙院基頼《もとより》の系譜）が生まれた。また一条兼良《いちじょうかねよし》が著した「尺素往来《せきそおうらい》」によれば、室町時代にも「鷹の家」は存在し、公卿では園《その》（持妙院基家《もといえ》の三男基家の系譜）、坊門《ぼうもん》（持妙院基頼の弟宗通《むねみち》の系譜）、楊梅《ようばい》（太宰大弐季行《だざいだいにすけゆき》の系譜）の三家が有名で、地下人《じげにん》（清涼殿への昇殿を許されない官人）では秦《はた》、下毛野《しもつけの》の両家も鷹術を相伝していた（『放鷹』新装版）。

室町時代から戦国時代にかけて、武士の鷹狩りは活発となり、室町政権は守護大名《しゅごだいみょう》の鷹狩りを認めるかわりに、その地の鷹を将軍に献上させることもみられた。また、将軍も守護大名も天皇に鷹狩りの獲物を献上し、この時代、鷹の贈答儀礼は広く社会に浸透していた。戦国時代になると、戦国大名は自らの領国で鷹の権利を独占し、鷹場《たかば》支配を徹底した。この流れのうえに、織田信長《おだのぶなが》、豊臣秀吉《とよとみひでよし》、徳川家康《とくがわいえやす》の「御鷹」にかかわる支配体制が築かれ、鷹狩りも武士の気風と相まって盛んに行われるようになった。

江戸時代には、鷹の指南書である鷹書《たかしょ》が数多く作成され、歴史的にもその技術がもっとも高められた。これに大きく貢献したのが江戸幕府や諸藩であった。将軍も大名も良質な鷹と有能な鷹匠（鷹師《たかし》）を競うように集め、また鷹場を指定して鷹狩りを行った。さらに、将軍が鷹狩りで捕らえた獲物の一部は天皇に献上され、将軍と大名の間にも獲物の贈答儀礼や饗応儀礼があり、「御鷹」による社会秩序が形作られていったのである。

江戸時代後期に書かれた鷹のことに詳しい「村越筆記《むらこしひつき》」には、鷹狩りが朝廷より武家に伝わった由緒によって、鷹は朝廷からの預かり物との認識が示されており、将軍でさえ「御鷹」と称していたことを記録している。古代以来の「御鷹」の権威を江戸幕府の歴代将軍も享受していたわけである。

こうして、古代天皇のもとで醸成された「御鷹」の権威は、その後も権力の象徴として再生産され、徳川将軍や近世大名の多くもそれを最大限活用し、全国の人々を平伏させる「御鷹」による支配体制を構築・維持していったのである。

鷹狩りをしない将軍

そのなかにあって、五代将軍の徳川綱吉は鷹嫌いの将軍であったが、「御鷹」の制度と無縁ではなかった。まず、その出自から確認してみたい。綱吉は、正保三年（一六四六）正月八日、三代将軍徳川家光《いえみつ》の四男として江戸城内で生まれ、幼名を徳松《とくまつ》といった。母は本庄《ほんじょう》氏の出身で、名を光子といい、家光の側室となってお玉の方と呼ばれるようになり、家光の死後剃髪《ていはつ》して桂昌院《けいしょういん》と称された。徳松は慶安四年（一六五一）四月、すぐ上の兄長松《ちょうまつ》（元服《げんぷく》後、綱重《つなしげ》）とともに賄料《まかないりょう》としてそれぞれ一五万石の領知を賜り、家臣も付属した。はじめ邸宅を竹橋《たけばし》（現東京都千代田区）に賜ったが、のち神田《かんだ》（同）に移った。承応二年（一六五三）八月に元服、右馬頭《うまのかみ》に叙任《じょにん》し、綱吉を名乗ることになり、寛文元年（一六六一）閏八月には上野国《こうづけ》館林《たてばやし》（現群馬県館林市）に封ぜられて二五万石の大名となった。長兄は将軍の家綱《いえつな》であり、綱吉は将軍の弟、かつ館林藩主の立場にあった。こうして、綱吉は四男として生まれたため、将軍になるべくして生まれたわけではなかったのである。

ところが、四代将軍徳川家綱の重篤により、延宝八年（一六八〇）五月六日に綱吉がその養子となって将軍後継者と決定したのであった。同八日に家綱の死が公表されると、幕府の重臣や家臣に喪に服する指示が出されるとともに、綱吉に奉公せよとの家綱の遺言が伝達された（「柳営《りゅうえい》日次記《ひなみき》」）。このため、館林藩徳川家の家督は綱吉の嫡子徳松が継ぐことになった。

綱吉といえば、のち将軍になって〝生類憐みの令〟を触れたことでよく知られる。なかでも犬の保護に熱心であったことはあまりにも有名な話である。綱吉の将軍宣下《せんげ》は八月二十三日であったが、生類をめぐる政治では馬にかかわるものが最初であり、次いで鷹、魚、犬と続いた。いずれも、その後生類にかかわる法令が延々と触れ続けられたのだが、そのなかでも鷹にかかわる政策は長い時間をかけてその廃止に向けて突き進むことになった。

図2　将軍家光の鷹狩り

（「江戸図屛風」鴻巣御鷹野、国立歴史民俗博物館蔵）

寛永年間（1624〜1644）、三代将軍徳川家光の武蔵国鴻巣（現埼玉県鴻巣市）での鷹狩り行列を描いたもの。

その綱吉は、将軍に就任して一度たりとも鷹狩りを挙行しなかった。しかし、将軍として綱吉一人だけが鷹狩りをしなかったわけではない。綱吉の後継者となった六代将軍徳川家宣《いえのぶ》、その子の七代将軍徳川家継《いえつぐ》、そして幕府最後の将軍となった徳川慶喜《よしのぶ》も行わなかった。家宣と家継は綱吉の鷹狩り停止の方針に従ったものであり、慶喜は幕末の激動の政局のなかで事実上放鷹制度が終焉を迎えつつあったためである。

このように、家康、秀忠《ひでただ》、家光、家綱《いえつな》と続いた将軍の鷹狩りは、綱吉の代になって途絶えることになった。なぜ、そのような事態になったのであろうか。本当に、綱吉は一生涯、鷹狩りをしなかったのであろうか。

鷹狩りをしていた藩主綱吉

館林藩主となった綱吉は、鷹狩りとかかわることなくして存在しえなかった。承応元年（一六五二）九月五日、七歳になった徳松は将軍家綱から鶴を拝領し、元服後の同二年八月以降も将軍から鷭《ばん》・雲雀《ひばり》・鶴・鴨・鶉《うずら》・梅首鶏《ばいしゆけい》などの鳥を拝領した。また万治元年（一六五八）二月八日に、将軍より「御鷹の白雁《はくがん》」を拝領してから、前述したさまざまな鳥とともに「御鷹の雁《がん》」の拝領も恒例行事となった。この「御鷹の雁」とは、将軍の鷹狩りで捕獲された雁のことであり、幕府の贈答儀礼の一環として下賜されたものである。

明暦二年（一六五六）閏四月二十九日、綱吉は将軍家綱から巣鷹《すだか》（ひなを巣から下ろした鷹狩り用の鷹）を拝領し、一方、同三年五月九日には綱吉から将軍の家綱に巣鷹二居《もと》を献上していた。それ以降、将軍家綱と大名綱吉との間には、鷹や巣鷹・巣鴘《すはいたか》を贈答しあう相互儀礼があった。

寛文元年（一六六一）十一月十日、綱吉は将軍家綱から館林城下（現群馬県館林市）で鷹場を下賜され（将軍から大名に下賜された鷹場を恩賜鷹場《おんしたかば》と呼ぶ）、翌二年九月二十九日に将軍から拝領した「恩賜の鷹」で雁を捕獲し、その雁二羽を将軍に献上していた。また同三年閏五月十二日、綱吉は将軍から武蔵《むさし》国新座《にいざ》郡膝折《ひざおり》村（現埼玉県朝霞市）と同郡白子《しらこ》村（同和光市）の間に恩賜鷹場を下賜され、この鷹場は「雲雀の狩場」と称されていた。

こうした将軍による大名への恩賜鷹場の下賜は、徳川家康が関ヶ原の戦い以後、仙台藩主伊達政宗《だてまさむね》を手始めに、開幕後も高山藩主金森長近《かなもりながちか》、姫路藩主池田輝政《いけだてるまさ》、米沢藩主上杉景勝《うえすぎかげかつ》、彦根藩主井伊直孝《いいなおたか》らにも行い、その儀礼はその後の将軍へも引き継がれた。将軍と大名の主従関係を強固にする一つのあり方として、鷹場の下賜儀礼が執行され、その対象は御三家をはじめとする徳川一門、幕府重臣、有力大名などにも及んだのである。

鷹を拝領し、恩賜鷹場を下賜された綱吉は、一、二年に一度の割合で鷹狩りを挙行し、二週間から三週間の日程で出かけていた。たとえば、「厳有院殿《げんゆういんどの》（家綱）御実紀《ごじつき》」によれば、寛文五年十一月十九日、綱吉は将軍家綱から暇を許され、鷹三居を下賜されて鷹場へ出かけた。同二十七日に綱吉は「恩賜の鷹」で捕獲した雁二羽を将軍に献上し、一方、同晦日に将軍家綱は綱吉の鷹場に小姓組番頭《こしょうぐみばんがしら》の石川乗政《いしかわのりまさ》を使者として派遣し、菓子や魚を差し入れた。そして、十二月四日にも綱吉は「恩賜の鷹」で捕獲した鴨二羽と鷺一羽とを将軍家綱に献上し、同八日に綱吉は恩賜鷹場から帰還して将軍家綱に謁見し、雁二羽を献上していた。

このように、綱吉が鷹狩りに出かけると、将軍家綱との間にさまざまな相互儀礼が存在し、そうした鷹儀礼は鷹狩りのたびごとにほぼ同じ形式で行われていた。

鷹狩りをしない藩主綱吉

ところが、「厳有院殿御実紀」によると、藩主綱吉の鷹狩りは寛文十一年（一六七二）十月下旬から十一月中旬にかけての鷹狩りを最後に、同十二年からは確認できなくなる。

しかしその後も、将軍家綱はそれまで同様、綱吉に鷹・巣鷹・巣鷂《すはいたか》のほか、鶴・雁・梅首鶏・雲雀・鴨・「御鷹の雁」などを下賜していた。一方、綱吉はそれまで慣例であった将軍家綱への巣鷹・巣鷂の献上を行わず、また鷹狩りに出かけなくなったため「御鷹之鳥」の献上もやめてしまった。

なぜ鷹狩りに出かけなくなったのかは不明なのだが、「厳有院殿御実紀」の延宝元年（一六七三）十一月十五日条には、綱吉が病気であったことが記され、この日、兄の甲府藩主徳川綱重《つなしげ》が将軍の御前で黄鷹《わかたか》(きたか)(一歳の鷹)二居を拝領した時《もと》には、綱吉は御側の石川乗政の派遣によって若黄鷹《わかきたか》二居を拝領していた。その後、病気は回復したので、それが理由で鷹狩りに出かけなくなったとはいえない。この時代、将軍も、御三家も、諸大名も鷹狩りを行っており、鷹狩りをやめたのは綱吉の個人的理由によるものといわざるをえない。綱吉はこの頃から、仏教や儒教の思想の影響により、殺生を忌避《きひ》するようになったものとみられる。

実兄の綱重と綱吉は、三代将軍徳川家光の子ということもあって、家格的に同列で扱われていた。しかし、綱吉が鷹狩りに出かけなくなった頃、綱重は延宝二年正月十八日には病床にあり、同年八月八日に病後はじめて江戸城に登城していた。しかし、翌三年十月十五日には将軍家綱が登城した綱吉に綱重の病状を尋ねていたので、再び病床にあったようである。そして、同四年正月十五日には痘瘡《とうそう》(天然痘)に罹患しており、同月二十七日には治癒していたが、二月七日には綱重の子虎松《とらまつ》(のちの将軍家宣《いえのぶ》)が痘瘡にかかっていたようである。

綱吉は、自らや兄の綱重などが病気に見舞われたことで、その個性も相俟って死や殺生の穢れを考えるようになり、殺生を伴う鷹狩りを忌避するようになったのではないかと推測される。

将軍綱吉の鷹政策

家綱の死と鷹狩り

四代将軍家綱《いえつな》の遺骸は、延宝八年（一六八〇）五月十四日に上野（現東京都台東区）の東叡山寛永寺《とうえいざんかんえいじ》に葬られ、二十六日には大規模な葬儀が営まれた。同年七月十日、家綱の後継者となった綱吉《つなよし》は江戸城の二の丸から本丸に移り、幕府政治を本格的に始動させることになった。

綱吉は、養父家綱の忌が明けたあとの八月二十三日に正式に将軍に就任したが、九月十五日には幕府鷹場の村々に、この年鷹匠《たかじょう》を派遣して行う鷹狩りを中止するので、農作物を食い荒らす害鳥を追い払ってもかまわないと命じた（「教令類纂《きょうれいるいさん》」）。この法令は、綱吉から農政の指揮を任された老中《ろうじゅう》の堀田正俊《ほったまさとし》が、勘定頭《かんじょうがしら》の徳山重政や大岡重清を通じて命じたもので、代官から鷹場《たかば》の幕府領村々に触れられたものであった。通常、鷹場は鷹狩りによって獲物の鳥を捕獲するところであるため、それを追い払う案山子《かかし》を立てたり、縄を張ったりすることが禁じられていた。

この鷹狩り中止の命令は、この年の天候不順や水害などによる凶作によって、幕領農民の生活が困窮していたため、それを救済することが主な理由であった。このため、鷹狩りを挙行することよりも、農作物を食い荒らす害鳥の駆除を優先して農業の手助けをしようとしたのである。これは、「仁政《じんせい》（仁愛の政治）」を目指した綱吉の政治の一環であり、そして前将軍の服喪中における殺生戒《せっしょうかい》の実践でもあったとみられる。

ところで、仙台藩では、毎年正月三日に年頭の嘉例行事として「野始《のはじめ》」と呼ばれる鷹狩り・「一騎打《いっきうち》」（一騎ずつ進んで鳥を捕らえる狩猟）・「秡鳥《はらいどり》」（勢子《せこ》を使って鳥を追い立てる狩猟）を行っていた。しかし、同八年十一月二十一日には、翌九年の「野始」が家綱の一周忌法要以前であることを理由に、その中止が江戸屋敷から国元に通達された（『伊達治家記録』第八巻）。仙台藩は独自の判断で、鷹狩りを中止した幕府に追随したのである。

また会津藩では、家綱の死の半年後の十一月一日、前将軍の服喪を理由に、藩内に鷹狩りを挙行しないように命じていた。その理由として、この年の十月七日が叔父として将軍家綱を補佐した会津藩主保科正之《ほしなまさゆき》の養父正光《まさみつ》の五十回忌であったばかりでなく、特にこの年は家綱が没した年でもあったため、隣国の様子をみて指示があるまでは鷹狩りを挙行しないこととし、鷹の訓練だけに留めて置くように申し渡していたのである（『会津藩家世《かせい》実紀』第三巻）。

このように、藩によって家綱死後の鷹狩り挙行の判断はまちまちであったが、会津藩をはじめとするいくつかの藩では家綱の死後一年間は鷹狩りを行わなかった。

綱吉の将軍就任直後の鷹狩り中止は、さまざまな事情を考慮した特例と思われたが、その後も綱吉が鷹狩りに出かけることはなかった。

鷹役人の大幅削減

ここで再開されたのは、鷹匠の鷹狩りだけであった。

それどころか、綱吉は放鷹《ほうよう》制度の縮小、そして廃止に向けて突き進むことになった。延宝八年（一六八〇）十二月十六日、綱吉は若年寄《わかどしより》の松平信興《まつだいらのぶおき》と石川乗政《いしかわのりまさ》に鷹馬《たかうま》の所管を命じ、鷹役人の鷹匠や鳥見《とりみ》・殺生方《せっしょうかた》をその支配下に置かせた。鷹全般の統括がそれまでの老中から若年寄に移行したものだが、これは鷹全般の役割の後退を示す改革であったといえよう。

天和二年（一六八二）三月二十一日には、鷹師頭《たかしがしら》五人のうちの三人が大番《おおばん》・腰物番《こしものばん》・小十人組《こじゅうにんぐみ》へ、手鷹師《てだかし》の四五人が小十人組へ、手鷹師二六人と鷂頭《はいたかがしら》二人が小普請入《こぶしんいり》、鷹方《たかかた》二人が小十人組へ、鷹方一人が小普請入、鳥見六人が火之番《ひのばん》へ、また同年十二月五日には鷹匠一人と鳥見一人が大番へ、鷹匠・鳥見・馬方《うまかた》の五人が小十人組へ、網奉行《あみぶぎょう》五人全員が小普請入となり、さらに貞享三年（一六八六）十月五日には手鷹師二七人と鳥見一七人が小普請入となって、大幅な配置転換が行われた（「常憲院殿《じょうけんいんどの》御実紀」）。つまり、多数の鷹役人の異動を通して人員削減を断行し、網奉行にいたっては廃止されたのである。

ところが、この時期削減されたのは鷹役人だけではなかった。町奉行所の与力《よりき》・同心《どうしん》や船手《ふなて》役人、徒組《かちぐみ》役人、代官も大幅に削減されていた。不正・不良役人を罷免し、不要な役人を削減したのである。

確かに、鷹役人のなかには異動ばかりでなく、鷹師頭間宮敦信配下の同心兵左衛門のように私的な鷹狩りで鶴を捕らえた罪により斬罪に処された者もあり、間宮氏自身も免職のうえ閉門となった（「常憲院殿御実紀」）。一方で、鷹役人のなかには横暴な者も多く、儒学者として名高い熊沢蕃山《くまざわばんざん》によれば、鷹師は「御鷹《おたか》」の権威を笠に着て乱暴狼藉《ろうぜき》をはたらき、世間では鷹師を「あぶれ者」と呼んでいたという（「集義外書《しゅうぎがいしょ》」）。こうしたこともあって、多数の鷹役人を配置転換した幕府は、貞享四年四月六日、その職務を遂行するうえで不足が生じている場合には増員の要請をするように命じていた（「常憲院贈大相国公実紀」）。つまり、人事異動や人員削減、そして不正役人の処罰を通して役人の意識改革を促し、そのうえで人員が不足している場合には増員することも認めていたのである。

綱吉政権初期の鷹政策は、鷹役人の異動・削減にとどまらなかった。家康から家綱の代にいたるまで、各政権は一部の大名に関東・畿内で恩賜鷹場を下賜していたが、綱吉政権が成立してからは恩賜鷹場の下賜儀礼は一度も執行されなかった（拙著『将軍の鷹狩り』）。

放鷹制度の縮小

また綱吉政権は、大名などへの鷹狩りの獲物である「御鷹之鳥《おたかのとり》」や自然の恵みである魚鳥の下賜儀礼も大幅に縮小することにした。家綱政権の末期には、毎年、四月に梅首鶏《ばいしゅけい》（小鷭）や鷭《ばん》、六月には巣鷹《すだか》（巣鶺《すはいたか》）、七月に雲雀《ひばり》、九月から十月にかけては鶴、十二月に雁《がん》というように、将軍から大名などに鳥を捕獲するための巣鷹と、鷹狩りの獲物としての「御鷹之鳥」を含むさまざまな鳥の下賜を恒例化していたが、一部を除いて天和年間にはほぼ停止した。諸鳥の下賜儀礼の縮小・廃止は、鷹役人の削減に先行して進められ、しだいに連動するようになった。とはいえ、幕府から朝廷への「御鷹之鶴」の献上は容易には廃止できず、綱吉政権末期まで継続することになったのである。

幕府放鷹制度の縮小は、天和二年（一六八二）九月の武蔵国鴻巣《こうのす》（現埼玉県鴻巣市）、翌三年八月の武蔵国八王子《はちおうじ》（現東京都八王子市）の鷹部屋の廃止にもおよんだ。これに伴い、鷹師頭が管轄した鷹場も大幅に縮小された。たとえば、武蔵国久喜《くき》（現埼玉県久喜市）地域一帯は、慶長六年（一六〇一）以来、仙台藩主伊達家に下賜された恩賜鷹場であったが、寛文元年（一六六一）、四代藩主となった亀千代丸（のちの綱村《つなむら》）が幼少を理由に恩賜鷹場の継続を許されず、幕府に返上することになった。このため、鷹師頭の清水吉春は久喜地域の三万石余の鷹場を支配することになったが、天和二年には上総《かずさ》国東金《とうがね》（現千葉県東金市）地域の鷹場へと場所替えを命じられた（『久喜市史』資料編Ⅱ・近世Ⅰ）。これにより、久喜地域の鷹場は「明場《あきば》」、すなわち鷹場の支配者がいない場所となった。

図3　巣鷹捕り

（河鍋暁斎〈洞郁〉「絵本鷹かがみ」初編下、明治期、個人蔵）

ひなを巣から下ろし、鷹狩り用の鷹としたものを「巣鷹」と呼んだ。画面左上に鷹の巣が見える。

また天和二年二月十四日には、武蔵国葛飾《かつしか》郡西葛西《にしかさい》領《りょう》亀有《かめあり》村（現東京都葛飾区）にあった幕府鳥見松下忠兵衛の鳥見屋敷が取り壊されることになり、その解体に伴う古材の入札参加者を江戸の町から募集する町触《まちぶれ》が出された（『江戸町触集成』）。さらに、武蔵国川越《かわごえ》藩領内は幕府の鷹場に設定され、その支配にあたる鳥見が配置されていたが、貞享三年（一六八六）十二月に江戸への引越しを命じられ撤退した（『竹橋《ちっきょう》余筆《よひつ》』）。これも、幕府鷹場支配の後退を示す出来事であった。

鷹狩り停止の波紋

綱吉政権は、その当初から放鷹《ほうよう》制度の縮小に取り組み、鷹にかかわる儀礼面についても大胆に変革したが、貞享期から元禄期にかけてはもはや縮小ではなく、廃止に向けて突き進むことになったのである。

鷹献上の停止

幕府は、鷹狩りの前提となる良質な鷹の確保に向けて、さまざまな方法を駆使して入手していた。それは、御巣鷹山《おすたかやま》の設定、鷹匠《たかじよう》による松前《まつまえ》（現北海道松前町）・奥羽《おうう》（現東北地方）などからの買い付け、大名や代官などからの献上、朝鮮通信使《ちようせんつうしんし》からの贈呈などである。このうち、近世前期に大きな比重を占めていたのは大名からの献上であった。そうした鷹の献上は、幕府と鷹産地をかかえる領主との主従関係を象徴するものであり、歴史的に幕府への臣従の意思表示として機能していたのである。

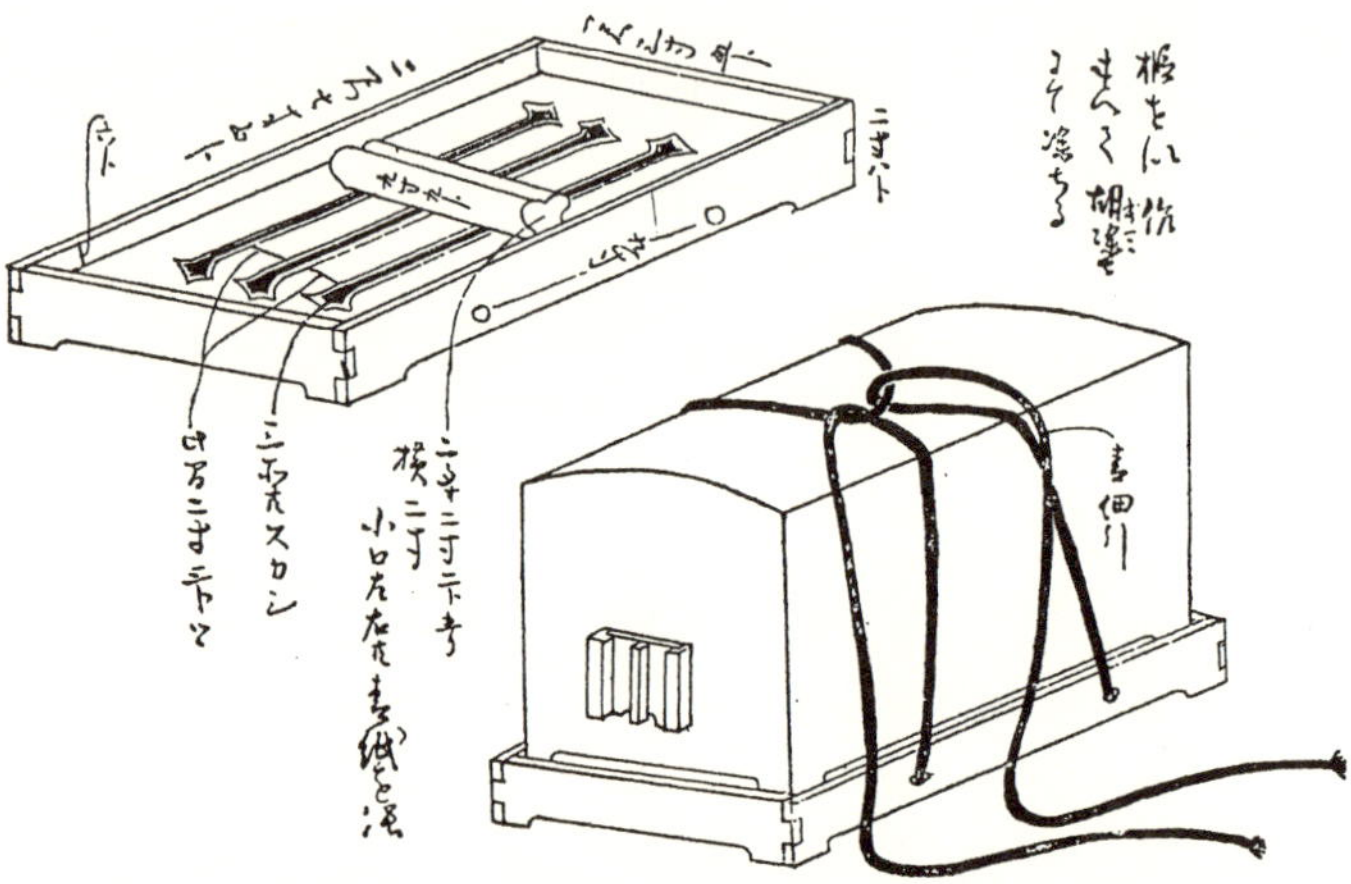

図４　大名から将軍家への献上鷹運搬用の箱（『放鷹』新装版）

献上用の鷹の一部は木製の箱に入れ、産地の札を付けて運んだ。箱の形状、大きさは藩によってさまざまであったが、松前藩の箱は長さ約74センチメートル、幅約47センチメートル、高さ約46センチメートルであった。

ところが、幕府は大名の将軍への鷹献上についても停止させることにした。会津藩の貞享元年（一六八四）六月七日の記録には、保科正之《ほしなまさゆき》の会津入部翌年からほぼ継続してきた巣鷹《すだか》の献上を、幕府の老中を通して断ってきたことが書き留められ、以後中止されることになった。その理由は、このほど「生《しょう》類《るい》憐《あわれ》み」のことを仰せ出されたので、巣鷹の必要がなくなったとのことであった（『会津藩家世実紀』第四巻）。ここからは、生類憐み政策が鷹献上の停止から出発したことを推測させるのである。

しかし、この段階での鷹献上の中止命令は、将軍家と血筋の近い会津藩のみを対象としたものであった。そこで、仙台藩主伊達氏の貞享二年の鷹献上の様子を確認してみると、九月十八日に初種黄鷹《わかたか》一連、同月晦日に黄鷹三連、十月六日に黄鷹三連、同月十二日に黄鷹四連、同月二十七日に黄鷹四連、十一月三日に黄鷹（数量記載なし）、同月二十二日に黄鷹四連というように、その献上総数は一年間で一九連以上におよんでいた（『伊達治家記録《だてじけきろく》』巻十）。

黄鷹とは蒼鷹《おおたか》の一歳鷹のことであり、仙台藩では将軍家に黄鷹を献上することを恒例としていた。この黄鷹の献上は元禄五年（一六九二）九月まで行われ、翌六年九月四日に老中阿部正武《あべまさたけ》より今年の鷹献上が無用であることを知らされ、中止されることになったのである（『伊達治家記録』巻十六）。諸藩も、このころまでには鷹献上の必要がないことを告知され、中止したものとみられる。

鷹狩り停止の決定

元禄六年（一六九三）九月十日、幕府は鷹狩り停止の決定を下した。そのことは、「常憲院殿《じょうけんいんどの》（綱吉）御実紀」に「こたび鷹使ふことを廃せらる」と記されていた。これに合わせて、同日、鷹匠町が小川町《おがわまち》（現東京都千代田区）と改められ、十二日には鷹の餌を調達する役目の餌指《えさし》（餌差）の役職が廃止されたことで、餌指町も富坂町《とみざかまち》（同文京区）に改称された。

結局、綱吉は将軍就任以来一度たりとも鷹狩りに出かけなかったが、この鷹狩りの停止は鷹師（鷹匠）の鷹の馴養に伴う鷹狩りをも禁じるもので、放鷹《ほうよう》制度の維持に決定的な打撃を与えることになったのである。

その結果、幕府放鷹制度の廃止に向けた政策は、多方面に波及した。それ以前の元禄元年六月二十一日、幕府は鷹部屋で飼養していた黄鷹・鵖《はいたか》合わせて二三居《もと》を武蔵国入間《いるま》・高麗《こま》両郡（現埼玉県中南部）の山中に放ち、翌月二十一日にも黄鷹・鵖合わせて二〇居を同国入間郡川越（同川越市）の山中に放った。そして、幕府の正史である「常憲院殿御実紀」の同六年九月十二日条には、鷹部屋で飼養していたすべての鷹が伊豆諸島の新島《にいじま》（現東京都新島村）に放たれたことが記されていた。この措置は、幕府の鷹狩り停止の決定から二日後であったが、殺生の穢れを払拭するための放生《ほうじょう》としての意味合いを有していたにちがいなく、ついにすべての鷹を放鳥したことが公表されたのである。

幕府の記録ではそのように説明されているのだが、実際にはそうではなかった。仙台藩では黄鷹の献上を恒例としていたが、幕府が飼養する黄鷹の放鳥が相次ぐなかで、それがどのように推移していくのかを確認することにした。

元禄六年九月十六日、仙台藩士で将軍家への鷹献上に深くかかわった浅井織部《おりべ》は、幕府鷹師頭《たかしがしら》の加藤則久のもとを訪ね、黄鷹の放鳥の様子を聞いた。その結果、鷹部屋が飼養していた黄鷹はすべて放したが、隼《はやぶさ》四、五居だけは残すように命じられていたことを打ち明けた。その理由は、朝廷へ「御鷹之鳥」を献上するためというものであった（『伊達治家記録』巻十六）。つまり、幕府はこれまで同様、天皇や上皇らに「御鷹之鳥」を献上する慣例を維持するため、隼を残すことにしたのである。ということは、形式的にせよ、鷹狩りは継続していたことになる。なお、この時の話では、幕府は御三家へも「御鷹之鳥」の下賜を執行せず、また鷹師を他の役職へ異動させるようにと命じていたという。

このように、幕府は鷹狩りの停止に踏み切ったが、天皇らへの「御鷹之鳥」の献上を廃止することは容易ではなかったようであり、宝永三年（一七〇六）九月になって、朝廷への「御鷹之鶴《おたかのつる》」の献上はついに停止され、幕府放鷹制度のなかで最後まで残った鷹儀礼となったのである。

鷹役人の廃止

綱吉は将軍就任後まもなく、鷹役人の大幅な削減策を断行したが、これは鷹役人を狙い撃ちしたものではなく、町奉行所与力《よりき》・同心《どうしん》や代官、さらには徒組《かちぐみ》役人、船手《ふねて》役人なども対象となり、不正・不良・不要な役人の一掃という綱紀粛正策としての意味合いを強く有していた。

ところが、鷹役人についてはその削減だけでは済まなかった。鷹狩りは殺生を伴うものであったため、生類憐み政策が進められると放鷹制度の廃止もその視野に入ってきた。鷹部屋で飼養していた鷹が放たれ、鷹狩りが停止されると、それに従事していた鷹師（鷹匠）はその存続の危機に晒されることになった。元禄四年（一六九一）の「武鑑《ぶかん》」（大名や旗本の出身・格式・職務・石高《こくだか》・家紋などを列挙した出版物）で確認できる鷹師頭の小栗正直《まさなお》と清水吉春のうち、鷹師頭を継いだ小栗正直の子正等《まさとも》らは同六年七月十二日に小普請入となり、清水吉春はすでに貞享四年六月十三日に小普請入となっていた（『新訂寛政重修諸家譜《かんせいちょうしゅうしょかふ》』）。

鷹狩りの停止という幕府の決定は、鷹師職の存続に大きな影響を与えることとなったが、すぐにその廃止を意味するものではなかった。天和二年（一六八二）三月二十一日の鷹役人削減のなかで、鷹師頭から大番《おおばん》に異動した加藤則久は元禄五年十二月十四日に鷹師頭に復帰し、同六年九月の鷹狩りの停止以後もその地位にあった。この加藤氏が鷹師頭を辞し、小普請入となるのは同九年十月十四日のことであり、それまで加藤氏の下には手鷹師・鷹師同心らが従属していたのである。

また鷹餌《たかえ》の調達を担当した餌指は、元禄六年九月十二日に廃止となったが、これは御家人身分の餌指であった。京都には鷹餌の調達を担当した町人身分の町餌指と呼ばれる人たちがいたが、鷹狩りが停止されているにもかかわらず、かれらが存在しているのは筋が通らないとして、同七年五月に町猟師になるように申し付けられた。しかし、かれらに殺生の停止が申し渡されたのは、同十六年九月であった。鷹狩りが停止されたからといって、鷹役人がすぐに廃止されたわけではなく、それにも長い期間を要したのである。

元禄六年（一六九三）九月十日に鷹狩りが停止されても、鳥見の鷹場支配は続いていた。同七年九月六日、武蔵国埼玉郡八条領《はちじょうりょう》村々（現埼玉県越谷市）は鳥見の近藤与兵衛・戸口庄右衛門に「御法度手形《ごはっとてがた》」を提出しようとしていた。これには、鷹匠が鷹の訓練で村を訪れた場合には本人かどうかを確かめ、それ以外の者には一切の鳥類を殺生させないこと。特に、精進日《しょうじんび》（将軍の月命日など）にはそのことに注意すること。また病鳥がいた場合には養育し、そして落鳥《らくちょう》（死んだ鳥）を見つけた場合にも連絡してくること。餌差（餌指）が村にやってきた場合には本物かどうか確かめ、鳥を捕らせること。「御留場《おとめば》」のなかに不審な者が入らないように改めること。「御留場」のなかの道路や橋をいつも見回って直し、道路に垂れ下がっている木の枝も切り払っておくこと、と記されていた。

幕府鷹場の消滅

ここにみられる「御留場」とは、鷹狩りの停止によってそれを行わない場所を鷹場と呼べなくなったことにより成立したもので、なおも鳥類の殺生を禁じた場所をいう。その範囲は、「江戸十里四方」であった。つまり、鷹狩りの停止によって、それまでの「江戸十里四方」の「御鷹場」は「御留場」と改められ、従来通り禁猟区として取締りの対象となったのである。この間の事実関係からいえば、「御鷹場」を廃止した法令は見当たらないが、「御留場」の成立によって「御鷹場」は事実上消滅することになったのである。

次いで、元禄九年十月六日、「御留場」の支配にあたっていた鳥見職が廃止された。その翌日、幕府は鳥見職廃止の告知とともに、これまでの「御留場」支配にかかわる法令を江戸周辺村々に触れた（「常憲院殿御実紀」）。同年十月十四日、幕府代官伊奈忠篤《いなただあつ》が武蔵国葛飾郡西葛西・東葛西・二郷半領、同国埼玉郡八条・越ヶ谷《こしがや》領村々に出した「覚《おぼえ》」には、これまで「御留場」であった地域では従来通り鳥類を殺生せず、他所の者にも殺生させないこと、病鳥がいた場合には養育すること、傷ついた鳥類がいた場合にはその詳細を書き付けて代官や地頭《じとう》（領主）へ提出し、そのような事実を隠しておき後日発覚した場合には処罰すること、毎年十月より翌年三月までは毎日鷹番《たかばん》を付けて監視すること、と記されていた（『越谷市史三』史料二）。

この鳥見職の廃止によって、それまでの「御留場」は「元御留場」と称されるようになり、その地域の鳥類生息空間は鳥見に代わって支配領主としての代官や地頭《じとう》が支配することになったのである。このことは、個別の領主支配を越えて設定されていた鷹場や「御留場」の支配を担当した鳥見の機能を継承する役職が存在しなくなったことを意味していた。また、鳥見職の廃止によって「御留場」が消滅したことからすれば、鳥見は鷹狩り停止後の「御留場」の支配と一体化していたということもいえるのである。

元鷹役人の仕事

元鷹役人と寄合番

元禄六年（一六九三）九月十日、幕府が鷹狩りの停止を決定したことにより、鷹や鷹狩りにかかわる諸制度は一挙に瓦解しはじめ、鷹場も消滅して、同九年十月十四日までにはすべての鷹役人が廃止された。

綱吉《つなよし》政権の成立以降、役替えを命じられた鷹役人の異動先はさまざまであったが、この時期設置された寄合番《よりあいばん》に就任する者もいた。この寄合番は未解明な部分が多いが、生類にかかわる任務を担い、生類憐《しょうるいあわれ》み政策と密接に関連して設置された役職であった。

その始まりは、寄合番を務めた山本尚盛の履歴に、かつては鷹匠《たかじょう》を務めていたが、元禄六年九月十六日に寄合番に異動したとあり、幕府の鷹狩り停止の決定を契機にしていたことがわかる。尚盛の嫡男であった尚征は、同九年六月二十五日に寄合番に就任し、綱吉没後まもない宝永六年（一七〇九）十二月二十五日にその務めを解かれて小普請入《こぶしんいり》となり、徳川吉宗《とくがわよしむね》の将軍就任直後の享保元年（一七一六）九月十六日に手鷹匠《てだかじょう》となり、山本家が代々務めてきた鷹匠の役職に復帰することになった（『新訂寛政重修諸家譜』第三）。

山本尚盛・尚征父子とともに寄合番支配を担当したのが、やはり手鷹匠出身の佐原元正であった。この佐原家も、代々手鷹匠を務め、元正の代に寄合番に異動となったもので、尚征と同様に、宝永六年十二月二十五日にその務めを解かれ、小普請入となった（『新訂寛政重修諸家譜』第九）。鷹狩りの停止後まもなく設置された寄合番は、綱吉の死を契機に廃止されたのである。

そして、鷹場支配にあたった鳥見《とりみ》職の廃止は、元禄九年十月七日であった。そのときの申し渡しに、鳥見の天野政将は寄合番支配の山本尚盛・佐原元正を補佐し、鳥見の林勘右衛門・若林義豊・幸田正信・岡田甚右衛門・海野良幸は御役御免となり（「改正甘露叢《かんろそう》」二）、山本・佐原両名の指揮下に属し、寄合番として生類方《しょうるいかた》御用を担当することになった。

また、幕府の鷹狩り停止によって削減された鷹匠の一部も、寄合番に編入されることになった。元禄八年五月二十三日、鷹匠であった尾関甚左衛門・井口宗貞・野辺英当・比留正房・沢実里の五人は寄合番に異動となり、大久保《おおくぼ》・四谷《よつや》の犬小屋支配を担当することになった。その際、寄合番は犬小屋の犬を養育する目的をもって新設された役職であると説明されていた（「常憲院殿御実紀」）。このうち、野辺英当を除く四人は元禄七年まで近江《おうみ》国（現滋賀県）内に居住していた鷹匠であり、江戸に引越しを命じられたばかりであった（『京都御役所向大概覚書』上巻）。

このように、寄合番は鷹匠や鳥見の一部の役替え先として新設された役職であった。この寄合番には大別して二系統の職務があり、その一つがこの時期設置された大久保・四谷・中野《なかの》の犬小屋の担当であり、もう一つが小日向台町《こひなただいまち》（現東京都文京区）の鷹部屋御用屋敷に属して鶴場《つるば》の管理や烏《からす》・鳶《とび》などの巣払いを担当することであった。

そこで、寄合番が担った職務のうち、生類方御用から話を進めることにしたい。これも、大別して鶴場の管理と烏・鳶の巣の取り払いとに分かれており、はじめに鶴の放し飼いと鶴場の管理から述べることにしよう。

鶴の放し飼いと鶴場の管理

さて、鶴は江戸時代を通して江戸の上空を飛来していたが、わが国では古くからその白く美しい姿態もあって、吉祥や長寿を象徴する鳥として認識されてきた。江戸に住む人々は、自らの屋敷に鶴が舞い下りると赤飯を炊いて祝い、親類に配ることもみられた（「宴《えん》遊日記《ゆうにっき》」）。そうしたこともあって、鶴は捕獲が許されない禁鳥《きんちょう》に指定されていた。

そのなかにあって、綱吉は将軍就任後まもなくから鶴の放し飼いを実施し、鶴が居ついた場所を鶴場《つるば》（放鶴場《ほうかくば》）と称して管理した。その経緯については、貞享三年（一六八六）

閏三月に幕府が飼育していた鶴五羽を小石川《こいしかわ》（現東京都文京区）の田んぼに放し、翌四年二月にも放って野生の鶴をもおびき寄せようとしたものである。このため、小石川の堀には鶴場と呼ばれる施設が設けられ、役人によって管理されることになった。こうした鶴場は、早稲田（同新宿区）あたりにも存在したようである。このような鶴の放し飼いの行為は、その保護と放生《ほうじょう》の意味をもちながら、増殖を目指して人為的な管理のもとにおこうとしたものであろう。

元禄六年（一六九三）九月の鷹狩り停止以後、鷹匠や鳥見の役職から異動した者の一部は、その受け皿として新設された寄合番に就任し、鶴場を管理するようになった。そして、かれらを統轄したのが鷹匠出身の生類方（寄合番支配）であった。寄合番は、江戸周辺の村々から放し飼い鶴の飛来状況の報告を受け、鶴が飛んできた村に番人を付けて見守らせ、その居つきの手助けをするように指示も与えていた。村々ではこまごまとした決まりの遵守《じゅんしゅ》を請書《うけしょ》という形で誓約し、小日向台町の鷹部屋御用屋敷に提出することになっていた（『越谷市史』史料一）。

鳶・烏の巣の取り払い

貞享五年（一六八八）二月二十三日、幕府は「在々」の森林や街道の並木、さらに屋敷周りの山に鳶や烏が巣をかけないようにいつも見廻り、もし巣をかけられた場合にはその取り払いを命じた。また鳶・烏の巣掛けに気づくのが遅れ、卵があるときに巣を取り払うのは問題であるとして、これらの内容を年貢地・武士屋敷・寺社に通達するように命じた（『武家厳制録《ぶけげんせいろく》』三九九号）。なお、卵のある巣払いが問題であるというのは、「生類憐み」の精神に反するからである。

次に、鳶・烏の巣の取り払いを命じる法令が出されたのは、元禄三年（一六九〇）三月十六日であった。内容は前述したものとほぼ似通っていたが、この法令布達の命令系統は幕府の勘定奉行から代官を経由して村々に触れられた（『御当家令條《ごとうけれいじょう》』四九一号）。翌四年十一月にも鳶・烏の巣の取り払いの法令が出され、卵や雛がある場合にはそのままにせよと命じ、その布達範囲は「江戸近辺五里程之内」となっていて、その地に知行所《ちぎょうしょ》のある者が村々に触れるように命じた。ここには、法令の内容が幕府の老中から申し渡されたことが明記されていた（『御当家令條』四九六号）。この鳶・烏の巣払いは、当初、幕領の村々を対象にしていたが、しだいに「江戸近辺五里程之内」の幕領・大名領・旗本領・寺社領の村々におよんだ。

こうした鳶・烏の巣払い令は、元禄六年以降、毎年江戸の町方《まちかた》にも出され、各町の月行事《がちぎょうじ》は町年寄《まちどしより》の奈良屋役所にその厳守を誓約した請書を提出していた（『江戸町触集成《まちぶれしゅうせい》』二八七一号）。また同八年二月の町触《まちぶれ》には、江戸の侍屋敷や寺社境内に鳶・烏が巣をかけていた場合には取り払い、江戸周辺の百姓地でも同様に対処することを命じつつ鳥見に届け出て指図を受けることとし、一方でこの年から江戸の愛宕山《あたごやま》（愛宕神社）境内の巣の取り払いを禁じる条文が付加された（同三二一五号）。この時期、江戸周辺農村の鳶・烏の巣払いは幕府鷹場を支配していた鳥見の所管となっていたのである。

烏にまつわる民俗文化

なぜ鳥類のなかで鳶と烏が巣払いの対象となり、愛宕山境内が巣払いの対象から除外されたのであろうか。その理由を考えてみたい。

寺島良安《てらしまりょうあん》が著した『和漢三才図会《わかんさんさいずえ》』の「慈烏《じう》」の項では、烏は古くから熊野《くまの》の神の使いと伝えられ、また孝慈の鳥、長寿の鳥でもあったが、一方で雑穀を貪《むさぼ》り、雛や卵、屍肉《しにく》をも食べるため人に嫌われ、また病人が死の床にあるとき群がり鳴くと凶兆であるとして忌むべきものであったという。

また、『本朝食鑑《ほんちょうしょくかん》』でも同様の認識とともに、烏の糞が異事・凶事として不吉であると認識されていたという。さらに、江戸時代中期に書かれた「元正間記《げんしょうかんき》」に、綱吉が江戸中の烏を捕って島に移送したのは、東照宮《とうしょうぐう》と歴代将軍の御霊屋《おたまや》があった紅葉山《もみじやま》に参詣した際、頭の上に烏の糞を落とされ立腹したからと記されていた。これらのことから、烏は不吉の象徴と考えられ、その巣払いが命じられた可能性がある。

一方、黒田日出男氏によれば、犬と烏とは日本中世では墓地のイメージを象徴し、葬られた死体をも食べるという墓地の清掃人であり、墓地や市《いち》のような境界的な場と存在のシ

図5　愛　宕　山（東京都港区）

〝生類憐みの令〟の発令以降、江戸およびその周辺の鳶・烏の巣は取り払うように命じられたが、愛宕神社境内の鳶・烏の巣払いは禁じられた。

ンボリックなイメージとを背景としながら、異界との往来をする境界的な霊的動物としても意識されていたという（『増補　姿としぐさの中世史』）。犬と烏がわが国の民俗文化として、あの世とこの世を往来する境界的動物と認識されていたことが、生類憐み政策期に浮かび上がってきた犬・烏の問題とも密接にかかわっていたのではないかとみられる。

　もう一つ、愛宕山境内の鳶・烏の巣払いを禁じた理由は何か。愛宕山は慶長八年（一六〇三）、江戸の丘陵地に愛宕神社（愛宕権現《ごんげん》）が祭られてからの呼称である。ここには、王城鎮護の神、塞《さい》の神（悪霊の侵入を防ぐため、村境・峠・辻などにまつられる神)、戦《いくさ》の神、火伏《ひぶ》せの神(防火の神)が祭られ、江戸の守り神として家康が京都から勧請《かんじょう》したものであった。祭神は愛宕権現太郎坊であり、天狗信仰や境の神の性格をもつ地蔵信仰と結びついたようである。このため、愛宕山には天狗が棲《す》むといわれ、それは実のところ鳶の化身であり、その天狗には烏天狗《からすてんぐ》もいた。こうしたことから、愛宕山の守り神とかかわる鳶や烏の巣を取り払うことに抵抗があったのではないか、という推測も成り立つわけである(仁科邦男「トビ、カラス、ハト、犬公方《いぬくぼう》」『動物文学』第七六巻第二号)。

しかし、これでは愛宕山境内だけが元禄八年二月二十一日の法令から巣払いを禁止された理由が説明できない。そこで調べてみると、同年二月八日に四谷伝馬町《よつやてんまちょう》(現東京都新宿区)より出火、芝《しば》(同港区)海手《うみて》でようやく鎮火するが、紀伊徳川家別邸はじめ六万七四〇〇軒余を焼失する大火事があった(「常憲院殿御実紀」)。つまり、火伏せの神を祭る愛宕山でも火事に見舞われたわけで、これはその祭神とかかわる鳶や烏の巣払いにより祟《たた》られ、これによって元禄八年からその巣払いを除外されたのではないか、という推測も可能であるように思われる。

そして綱吉の死後、伊豆諸島などに移送するために、江戸富坂町《とみざかまち》(現東京都文京区)の鳥小屋に集められていた生け捕りの鳶や烏が、すぐに放たれたという事実に照らし合わせると、この巣払い政策は綱吉の個人的な思いと密接にかかわっていたことを推測させ、烏にまつわる民俗文化も影響していたのではないかとみられるのである。

生類憐み政策と犬

犬の保護

生類憐み政策

綱吉《つなよし》政権のもとで、「生類憐み」という文言が幕府法令にいつごろから登場するのかを確認してみると、貞享三年（一六八六）七月十九日付の江戸の町触《まちぶれ》に「以前にも詳細に申し渡したが、いまだに飼主《かいぬし》がいない犬がやってきても食べ物を与えず、また近年は犬やその他の生類をもらったりあげたりする習慣がないとも聞く。どうも〝生類《しょうるい》を憐《あわ》れむ〟ようにとの命令を心得違いしているようだ。どのような事情があるにせよ〝生類憐みの志〟をもって、生類と接するように心得よ」（『江戸町触集成』二四七七号）とあるのが初見である。この法令の冒頭にあるように、類似の法令はこれ以前にも出されていたようである。

さらに、「生類憐み」の文言を遡及して探してみると、『会津藩家世実紀《かせいじつき》』の貞享元年六月七日条に「幕府へ巣鷹《すだか》を献上することは保科家が会津に入った翌年から毎年行われてきた。そのうち献上数も多くなり、将軍様が大変喜ばれているとのご沙汰もあった。もっとも、かつて一、二年は鷹の献上を中断したことがあるが、今年までほぼ継続してきた。しかし、このほど〝生類憐み〟のことを命じられ、鷹献上の必要がなくなったと老中様から断ってきたので、献上をやめることにした」とある（拙著『生類憐みの世界』）。貞享元年六月初旬、会津藩では幕府から「生類憐み」を命じられ、その一環として巣鷹献上を停止したことがわかる。

それでは、なぜ貞享元年に生類憐み政策が打ち出されたのであろうか。同年二月三十日、幕府は武家の服忌令《ぶっきりょう》を制度化し、死者があったときに近親の度合いに応じて喪に服す服忌や忌日の日数を定めた。この服忌令の制定に向けた調査は、綱吉の唯一の男児であった徳松《とくまつ》が五歳で死去した天和三年（一六八三）閏五月二十八日からまもない六月七日に開始されており、その関係性の深さを感じさせる。

つまり、綱吉政権は「天和《てんな》の治《ち》」で実践された悪弊是正の教化政策から生類憐み政策を自立・昇華させ、服忌令で定められた「穢れ」の体系とは別の「生類憐み」体系を創出しようとした。その体系は、仏教の殺生戒や神道・儒教の穢れの系譜を引きつつ、この期の社会のありように規定されていた。こうして、徳松の死と服忌令・生類憐み政策とは密接に連動していたとみられ、その前提として綱吉が死や血の穢れを極度に嫌う個人的資質の問題があったように思われる。綱吉は、政治目標として「仁政《じんせい》」の実現を掲げ、人々にも社会道徳を強制して統治のパラダイムの転換を意図し、そのことによって将軍の権威を高めようとしたのである。

犬保護令の始まり

綱吉政権といえば、犬の保護が連想されるほど、その結びつきはきわめて深い。

ところが、綱吉が将軍に就任した延宝八年（一六八〇）八月以降、生類に関する法令のなかで最初に触れられたのは馬の保護についてのものであった。

しかし貞享期に入ると、犬の保護令が触れられるようになっていった。その初発は、貞享二年（一六八五）七月十四日に江戸の町方《まちかた》に出されたもので、将軍御成《おなり》の道筋では犬や猫を繋いでおく必要はないというものであった（『江戸町触集成』二三五六号）。先代の将軍の時代に、御成の道筋では犬や猫を繋いでおくようにと命じていたこととは真逆の対応であった。この法令は、従来のものと比べて大きな変更であったために、一部の研究者の間では〝生類憐みの令〟の最初の法令と評価されているわけだが、筆者は前述したように貞享元年説を提唱している。

次いで、貞享三年七月十九日、江戸の町方に二ヵ条の町触が出された。一つは町中で大《だい》八車《はちぐるま》や牛車で犬などを轢《ひ》くことがみられるので、今後は宰領《さいりょう》（荷物を運送する人夫に付き添ってこれを支配・監督する人）を付けて車で引っ掛けないようにし、町人や辻番人《つじばんにん》も気をつけて痛ましい事故が起きないようにせよと命じた。もう一つは、無主犬（飼主のいない犬）がいても食べ物を与えなかったり、犬やその他の生類をあげたりもらったりすることをしていないようなので、〝生類憐みの志〟をもって犬が困らないように心得よ、と命じた（『江戸町触集成』二四七七号）。この町触では、それまでのものより犬の保護に深く立ち入りはじめたことがわかる。

貞享四年正月になると、病気の生類を捨てることの禁令と、それをしている者の密告を奨励する法令が出て（『江戸町触集成』二五四五号）、これにかかわって死体処理についても指示が出るようになった。この法令は会津藩領でも触れられ、「まだ死んでいない生類を捨てる不届き者がいた場合に密告した者は、同類であってもその罪を赦《ゆる》し、褒美をあげる。困窮していて生類を育てるのが無理な場合は、町人は町奉行、在方《ざいかた》（農村）は代官、道《どう》中筋《ちゅうすじ》は道中奉行、私領は大名・旗本へ届け出ること。今後、犬・猫・鶏・飼鳥などが死んだ時は、町方・在方ともに五人組が駆け付け、番人を置いて検死を受け、異状がないことを見届けたうえでその場所に埋葬すること。少しでも怪しい行為があった場合には、牢舎や罰金などの処罰を命じる」（『会津藩家世実紀』第四巻）という内容であった。動物の死であっても、自然死か殺生による死かを見極めるために検死が行われ、また食肉しないようにすぐに埋葬することが義務づけられていたのである。

犬改めと老中の失態

貞享四年（一六八七）二月十一日、幕府は個人が飼っている犬を取り調べ、毛付帳《けつけちょう》と呼ばれる帳面を作成して提出させることにした。その際、これまでは他所へ行ってしまった犬を探し回らせていたが、今後はその必要はなく、また無主犬が町内にやってきてもそのままにしておくようにと命じた（『武家厳制録』三九三号）。このように、町村に毛付帳という動物飼育の登録台帳を作成させ、幕府が犬などの飼育状況を管理できるようにしたのである。

しかし、それから一〇日後、幕府は「先ごろ、犬のことについて申し渡した法令の趣旨を、年寄（老中《ろうじゅう》）どもが心得違《こころえちが》いをしたので、重ねて仰せ渡す」として、十一日に触れた法令内容が老中の心得違いによって誤っていたので、それを訂正して再度申し渡すことにした。訂正の内容は、飼っている犬の所在がわからなくなった場合は徹底的に尋ねて探し出すようにし、また他所からやってきた犬がいたならば養育し、飼主が判明したら返すこととし、これに違反した者をその地の支配者に届け出よというものであった（『竹橋蠹簡《ちっきょうとかん》』）。ここで届出先の支配者とは、町人は町奉行、番衆《ばんしゅう》は番頭《ばんがしら》、小普請《こぶしん》は留守居《るすい》年寄であり、その統轄を側用人《そばようにん》の喜多見重政《きたみしげまさ》（喜多見藩二万石）が担当することになったという

（『御当代記《ごとうだいき》』）。

この時、幕府は、犬の保護法令というものは「生類憐み」という深い思し召しによって出されているものなので、行方がわからなくなった犬を数合わせでごまかすことがないようにと戒めていた。この幕府法令は、江戸の武家屋敷にも伝達され、屋敷内で飼っている犬の毛付帳を作成して提出し、幕府の方針に沿う対応を要請していた。

なお、大失態を犯した老中の大久保忠朝《おおくぼただとも》・阿部正武《あべまさたけ》・戸田忠昌《とだただまさ》は江戸城への出仕を止められたが、三日後の二月二十四日に許され、再度勤めに復帰することになった。なお、この間の御前出仕は側用人《そばようにん》が代参して担当していたという（「常憲院殿御実紀」）。

犬毛付帳の作成

犬毛付帳の作成を命じる法令は、江戸周辺の幕領農村の場合、勘定《かんじょう》頭《がしら》の彦坂重治《ひこさかしげはる》・仙石政勝《せんごくまさかつ》・大岡清重《おおおかきよしげ》や勘定頭添役《そえやく》の佐野正周《さのまさちか》・国領《こくりょう》重次《しげつぐ》の五名から代官の伊奈忠篤《いなただあつ》を通じて村々に触れられた。毛付帳は一村ごとに作成し、村人全員が連印し提出することになっていた。

そこで、貞享四年（一六八七）三月、武蔵国葛飾郡下彦川戸村《しもひこかわど》（現埼玉県三郷市）が提出した犬毛付帳には、村内で犬を飼っている家ごとに、犬の毛色と数量、飼い始めた年、村内の飼犬数の合計、そのほか村内をうろついている野犬《やけん》の毛色と数が書き上げられていた。ここでは、野犬を旅犬《たびいぬ》、つまり旅をしている犬と表記し、飼犬とは別の扱いとなっていた。

それは、飼犬と野犬とでは殺生や行方不明の際の責任の所在がまったく違っていたからであった。そして、今後、犬が死んだ時は検死を受けて届け出、犬を飼い始めた場合は帳面に付けておくことになったのである。

犬毛付帳は、江戸の町方や武家方、その周辺農村、さらにはいくつかの藩でも作成された。元禄八年（一六九五）十月、江戸の町方である下谷《したや》坂本町一丁目・二丁目・三丁目（現東京都台東区）が町奉行所の梶田彦右衛門と神谷又右衛門に提出した「犬毛付書上帳」（「北叟遺言《ほくそうゆいごん》」『東京市史稿』産業篇第八）には、町内での犬のあり方として「主」と記載された飼主がいる犬、「旅犬」と記載された野犬、「主付《ぬしつけ》・犬主《いぬぬし》」と記載されたもともと野犬であったが飼主を決めた犬、の三種の分類がみられた。

このうち、「主付」について、文末の張り紙には「犬の改めは一町ごとに吟味し、飼主のいない旅犬（野犬）はそれぞれ飼主を決めて十分に保護し養育せよ」とあり、町人たちには、町内にやってきた野犬にも飼主を決めて養育することが指示されていたのである。また下谷坂本町三丁目の場合、犬が二六匹いたことを書き上げ、そのうち一六匹が以前から飼っている犬とし、残り一〇匹は町内で養育している犬であると届け出ていた。つまり、飼主が決まらない野犬であっても、町内では養い犬との自覚をもって養育することが指示されていたのである。

犬毛付帳を作成し提出することは、諸藩にも広がっていた。元禄八年六月十九日、甲府藩領の甲府町方役人は、町ごとに犬数を調べて帳面に記し、二十三日に与一左衛門宅へ持参するように命じていた（『山梨県史』資料編九）。この結果、同月二十四日には甲府の二九ヵ町の名主《なぬし》の調査により、町全体の犬数は二四七匹であることが判明した。そして、この総数は町方役人から藩の上層部にも報告された。なお、この犬改《いぬあらた》めは内密に目立たないように実施せよと申し渡されており、積極的ではないが幕府方針に追随しようとする藩の姿勢が示されていて興味深い。

犬をめぐる民俗文化

綱吉が戌《いぬ》年生まれで犬の保護に執着したことはよく知られているのだが、ここでは犬が歴史学・民俗学的にどのようなものとして認識されていたのかを考えてみたい。

まず『和漢三才図会《わかんさんさいずえ》』では、「本草綱目《ほんぞうこうもく》」を用いて、犬の用途を「田犬《たいぬ》」、つまり猟犬、「吠犬《ほえいぬ》」、つまり番犬、そして食用としての食犬《しょっけん》と区分している。猟犬と番犬とは、犬の本性として鼻がよくきき、臭いを嗅ぎ分ける能力をもっているがゆえに、吠えて見慣れない人を家に入れず、狩猟のとき山野に放てば禽獣の所在を嗅ぎ分けると説明していた。そして、食犬の際に血を取り去らないのは、精力が少なくなって人に効能がなくなるからとし、一方で食犬は穢れを招くことにもなるので犬を食べない人が多いとも記していた。これらが、当時の犬の利用の一般的な認識であったといってよいのであろう。

これに関連することとして、『日葡辞書《にっぽじしょ》』には犬の糞は穢れであり、犬は穢れを持ち込む存在であると記していた。犬の糞が穢れの対象であることは想像できるが、江戸時代の日本では犬自体も穢れを持ち込む動物と考えられていたのである。

一方、宮田登氏は女性と犬の関係の民俗文化的意味について、犬が「あの世とこの世の境界を往来する両義性をもつ存在であったこと」、「女子の近くにいて、陰部の保護にあたっていた」こと、を重視している（『ヒメの民俗学』）。たとえば誕生儀礼のなかに、赤子の初外出の折に、子の額にわざわざ犬と記すのは、犬が境界領域を通過する赤子の守護霊の働きをしていることを示唆していたり、また古く女子の雛遊びの玩具の一つである「犬張子《いぬはりこ》」がもともと出産の際に産所に置かれ悪霊払いを意図していたり、あるいは小便をする不浄器として使用されていたことから、犬は女子の性器に身近な存在であり、出産ともかかわる民俗信仰が広く根付いていたことを指摘している。

また黒田日出男氏は、塚本学氏が近世初期の犬の実態として狩猟用や鷹の餌、食肉としても利用されていたという指摘（『生類をめぐる政治』）を踏まえて、『増補 姿としぐさの中世史』のなかで中世の犬も、鷹狩りなどで用いる狩猟犬、犬追物《いぬおうもの》（騎馬で犬を追いながら弓で射る騎射訓練の武術）の犬ないしは闘犬用の犬、鷹の餌ないし食肉としての犬、大鎧《おおよろい》の皮革《ひかく》材料としての犬というように、それぞれの需要に応えるものであったことを指摘している。

さらに絵巻物などの検討から、犬は烏《からす》とともに墓地や市《いち》の「清掃役」としてその空間を象徴し、生と死の境界にいる象徴的な動物であり、さらに神ないし神の使いとして他界との間を往き来する境界的な霊的動物としても意識されていたと述べている。そして、そうした絵画表現は近世前期にいたるまでみられたことを明らかにしている。

このように、犬という動物は、歴史的に飼犬・番犬・狩猟犬・鷹の餌・食肉・皮革などさまざまな利用があり、民俗文化的には「悪霊払い」・「穢れを持ち込む存在」から「笑福」「神」「神の使い」までの意味が込められていたように「聖と俗」の世界を往き来し、生と死の境界にいる象徴的な動物として意識されていた。犬は人の生死と密接に繋がっている存在だったのである。

犬公方と呼ばれた将軍

ケンペルが聞いた噂

ドイツ人医師のエンゲルベルト・ケンペルは、オランダ東インド会社の医官としてジャワ（現インドネシアの島）やシャム（現タイ王国の旧称）を経由して、元禄三年（一六九〇）長崎に到着、オランダ商館医となり、同五年まで日本に滞在した。この間、商館長に付き添って同四年と翌五年の二度にわたって江戸へ参府し、その往復の各地で見聞をひろめた。また、オランダ通詞《つうじ》の今村源右衛門を助手として、日本の政治・社会・宗教・地理・気象・鉱物・動植物・魚介などを研究し、その成果を大著「日本誌」に結実させた。

この「日本誌」は、本格的な日本の研究書として知られ、その第一〇章は「日本の鳥獣、爬虫類、昆虫類」であるが、そのなかに「犬」の項目があり、次のように記されている。

犬は、現在の幕府将軍の御時世下にこれまでになく殖《ふ》えた。飼主のない野良犬どもが、往来をうろつき廻り、通行人の妨げになること夥《おびただ》しい。野良犬がうろついていると、町内の者はこれを保護し、餌を与えてやらねばならず、もし犬が病気に罹《かか》れば、各町内に設けてある犬小屋に収容して看病し、死ねば死骸を山へ運び、人間を埋葬するように埋めてやることになっている。犬をいじめたり、殺したりすると、死罪に問われる。犬が人に咬みついたり、殺されても仕方がないような悪作をした場合、そのような犬を取締ることができるのは、その職にある刑吏だけである。これはちょうどローマの皇帝アウグストゥスが山羊《やぎ》年の生まれだというので山羊保護令を出したように、戌《いぬ》年生まれである現在の将軍が迷信に捉われて、犬を特別に大切にする「生類憐《しょうるいあわれ》みの令」を出したためである。

（今井正翻訳『日本誌』上巻）

ここには、将軍綱吉《つなよし》の時代に犬が異常に増え、その犬の保護が徹底して義務づけられ、それを殺傷すると死罪に問われ、そして犬を取り締まる役人もいたことが指摘されている。その原因は、戌年生まれの将軍綱吉が迷信に捉われ、犬を特別に大切にする「生類憐みの令」を出したからだとしている。当時も戌年生まれの将軍綱吉が迷信に捉われて犬を特別に保護するために「生類憐みの令」を出した、という噂が一般に流布していたとみられる。

公方の権威をまとった犬

犬公方《いぬくぼう》といえば、綱吉の代名詞だが、もちろん犬をきわめて保護した将軍綱吉を揶揄《やゆ》した名称である。なお、将軍が公方と呼ばれたのは、将軍が朝廷から将軍宣下《せんげ》によって征夷大将軍《せいいたいしょうぐん》に任じられるのに対して、公方は歴史的に国家的統治権の所在を示す言葉であり、名実ともに最高権力者を意味するものだったからである。つまり、「犬公方」という名称には、犬を過度に保護した最高権力者への怒りと揶揄が込められているのであろう。

江戸の町では、「犬公方」による生類憐み政策への怒りが犬にも向けられ、その残虐な殺生を行う者もみられるようになった。名古屋藩士の朝日重章《あさひしげあき》の日記『鸚鵡籠中記《おうむろうちゅうき》』元禄八年（一六九五）二月の記事には、「このごろ、江戸千住宿《せんじゅしゅく》の道端に二匹の犬が磔《はりつけ》にされ、その付け札に、この犬どもは公方の威光を借りてさまざまな人を悩ませているので、このようなことをしたのだと。また浅草のあたりでも切り取った犬の首を台のうえに載せるという事件があり、その捜査に黄金二〇枚の経費がかかった」とある。

当時、犬の保護が徹底して命じられ、その虐待や殺傷は固く禁じられていた。これにより、犬はわが物顔で江戸の町を闊歩《かっぽ》し、吠えたり咬みついたりして人々を悩ませていた。犬の傍若無人な行動は、公方、すなわち将軍綱吉の威光を借りたものであると認識する人たちもいた。その憂さを晴らすために、江戸の住人のなかには犬を殺して磔にし、あるい

図６　往来で咬み合う犬

（歌川広景「小石川にしとみ坂の図」江戸名所道化尽三十八、1859年、個人蔵）

図７　浮世絵に描かれた犬と子供

（歌川国芳「教訓善悪子僧揃」、1857年、個人蔵）

「犬公方」綱吉による〝生類憐みの令〟発令下で、江戸の町には犬がこれまでになく増え、野良犬が往来をうろついていたという。

はその首を晒《さら》しておく者もいたのである。こうした行為は、自分たちの味方になってくれない幕府に代わって、殺した犬を磔にし、台のうえに首を晒すことで裁きを下すという意味合いを込めていたのであろう。横暴な犬を追っ払うこともできない江戸の人々にとって、犬を手厚く保護した将軍綱吉はまさしく「犬公方」に違いなかったのである。

この犯人探しは徹底的に行われ、その結果、同年七、八月ごろ、旗本に仕えていた下人の訴えによって、犯人はその旗本の「二番子」（次男あるいは愚者の異称）であることが判明し、その親は切腹を命じられた。犯人の処分については記載がないが、おそらく死罪であったと思われる。一方、その下人は定めの通り黄金二〇枚と六間口の角屋敷の褒美を与えられたが、それからひと月ばかり経ってその仲間であることが判明し、成敗されたとか、磔の刑に処されたとかの風評があった（『鸚鵡籠中記』一）。

憂さ晴らしと犬の殺傷

元禄八年（一六九五）二月七日、犬の子を川に流して捨てた者があり、幕府は犬をぞんざいに扱って殺すということが横行しているとして、今後は犬に手荒なことをした者をきびしく断罪するとの法令を出した（「常憲院殿御実紀」）。それまでは犬の殺害であっても寛大な処分が下されていたのだが、犬殺しの内容が前述した事件のように目に余るものとなっていたからである。このように、幕府が犬保護の姿勢を強めるにつれて、江戸住民のなかにはその憂さを晴らす手段として常軌を逸した行動に走り、生類憐み政策への批判を強める者もいたのである。

元禄八年九月、江戸の町方に、「宇田川町《うだがわちょう》（現東京都港区）や浅草田原町《たわらまち》（同台東区）で子犬を捨てた者や、先ごろ下高輪町《しもたかなわちょう》（同港区）・上野（浅草ヵ）六軒町《ろっけんちょう》（同台東区）・浅草寺領（同）・市ヶ谷田町《いちがやたまち》（同新宿区）で犬を殺傷し捨てた者がいる。この事情を知っている者や見聞きした者がいたならばすぐに町奉行所に申し出よ。また、その人を恨んで仕返しをしないように申し付けよ」（『江戸町触集成』三二二〇号）という町触が出された。再三にわたる犬の保護令にもかかわらず、それを嘲り笑うかのように犬の殺傷を行う者が後を絶たなかったのである。

犬の殺傷はなおも続く。同年十月には、旗本屋敷の組合辻番《つじばん》の者が犬を捨て、その虚偽報告の罪で、市中引廻しのうえ浅草で斬罪に処され、その首は獄門台で晒《さら》された（「御仕置裁許帳《おしおきさいきょちょう》」六八八号）。同九年二月にも、子犬を絞め殺したうえに、犬の首に別人の判を押した書付を貼り付けるという偽装工作を行って捨てた者が逮捕され、浅草で磔の刑に処された（同上、六八七号）。

また同年八月には、江戸の本所《ほんじょ》（現東京都墨田区）で大工の弟子が犬を切り殺して斬罪に処され、これを密告した左官の娘には褒美金三〇両が与えられた（「常憲院殿御実紀」）。これに先立つ六月には、生類をいたわって犬をよく飼育したという理由で、通《とおり》一丁目

（同中央区）名主《なぬし》の樽屋三右衛門、本石町《ほんごくちょう》（同）名主の長崎屋源右衛門、柳原平右衛門町（同台東区）名主の平右衛門、元飯田町《もといいだまち》（同千代田区）名主の五郎兵衛が褒美として白銀をもらったことが告知された（「改正甘露叢」一）。

綱吉政権は、罪を犯した者には厳罰、善の行為をした者には褒賞というように賞罰厳明政策を推進し、道徳的な価値観をうえつけようとした。しかし、犬の殺傷は悪質さを増し、一向に沈静化する兆しをみせなかったのである。このように、幕府が犬の保護を法規制と賞罰だけで徹底しようとすること自体に限界があり、別の手段を講じる必要にせまられていたのである。

犬公方の呼称

ところで、将軍綱吉のあだ名である「犬公方」の呼び名は、いつごろから用いられるようになったのであろうか。将軍綱吉＝犬公方は何の疑いもなく今でも用いられているわけだが、まだこの点を明らかにした論考は見当たらないようである。そこで、いくつかの史料を用いて考えてみたい。

まず、著者不詳で、その信憑性に多少問題はあるが、元禄期から正徳期までの歴史を記した「元正間記《げんしょうかんき》」には、悪徳坊主の「護持院大僧正《ごじいんだいそうじょう》」と「柳沢殿」の企みで、将軍が戌年生まれのため犬を大切にすれば天下泰平・国土安全、将軍の長寿が保障されるということで、犬を大切にすることになり、末代まで「犬公方」の悪名を残すことになったと記されている。

ここにみられる「柳沢殿」とは、綱吉側近の柳沢吉保《やなぎさわよしやす》のことで、側用人から老中上座《じょうざ》にまで昇りつめた人物である。また「護持院大僧正」とは綱吉の護持僧となった隆光《りゅうこう》のことだが、真言宗新義派《しんごんしゅうしんぎは》で初の大僧正となったのは元禄八年（一六九五）であり、住持を務めた湯島の知足院《ちそくいん》が竹橋《たけばし》に移されて護持院と改称されたのも同じ年であったので、この内容は元禄八年以降に書かれた記事ということになる。しかし、「生類憐み」の文言を伴って犬の保護が命じられたのは貞享三年（一六八六）七月十九日の法令であり、これとは時期が合わないのである。

このように、史料の信憑性に問題はあるが、少なくとも江戸時代には綱吉のあだ名として「犬公方」が使われていたことは間違いないといえるだろう。ただここで興味を引くのは、犬は不動明王《ふどうみょうおう》の使いで運を守り、その犬を大切にすることで平和な世の中となり、将軍の寿命も長くなって武運にも叶うとしていることである。不動明王は大日如来《だいにちにょらい》が一切の悪魔を降伏させるために忿怒《ふんぬ》の相《そう》を現しているものであり、犬がその使いとなって悪魔払いの手助けをしているということになる。また、犬を大事にすれば、世の中の平和が保たれ、将軍も長命になると認識されていたことも注目されよう。

犬公方の浄瑠璃・歌舞伎上演

そして、悪名高き「犬公方」の広がりを考えるうえで、重要な役割を担ったと考えられるのが、江戸時代前・中期に浄瑠璃《じようるり》・歌舞伎《かぶき》作者として活躍した近松門左衛門《ちかまつもんざえもん》によって、時代物として書かれた義太夫《ぎだゆう》節《ぶし》「相模入道千疋犬《さがみにゆうどうせんびきのいぬ》」（別称「犬公方」）である。

これは、正徳四年（一七一四）四月に大坂の竹本座で初演（『演劇百科大事典』第二巻）、同年秋には大坂の嵐三右衛門と八重桐の相座で歌舞伎として上演、同年十一月には京の榊山四郎太郎座の顔見世《かおみせ》「吾妻造大台所《あずまづくりおおだいどころ》」の別題で上演された（伊原敏郎『歌舞伎年表』第一巻、『歌舞伎評判記集成』第五巻）。内容は、闘犬を好み、犬を溺愛した相模入道北条《ほうじよう》高時《たかとき》（鎌倉時代後期の幕府執権）の暴政に、新田義貞《にったよしさだ》と弟の脇屋次郎義助《わきやじろうよしすけ》が立ち向かい、二人の働きで北条氏を滅ぼすまでを描いている。このなかで、高時が重用した御犬預かりの惣奉行五大院宗重の喉を猛犬「白石《しろいし》」が食い破るという場面が出てくる。本作は高時を「犬公方」綱吉に、五大院を〝生類憐みの令〟発令のきっかけを作ったとされる護持院隆光に、猛犬「白石」を六代家宣・七代家継を支えた新井白石《あらいはくせき》に擬し、『太平記』に倣って脚色したものである。これらは、いずれも関東から離れた上方で興行されたとはいえ、〝生類憐みの令〟の政道を批判したものであり、「犬公方」の悪名を増幅させたことは間違いないであろう。

この「相模入道千疋犬」が上演された正徳四年といえば、綱吉没後五年が経っており、七代将軍家継《いえつぐ》政権の時代であるが、六代家宣《いえのぶ》、七代家継の政治に参画していたのが新井白石であった。山室恭子氏が『黄門さまと犬公方』のなかで「前代を貶《おとし》めることによって当代を持ち上げるという、おなじみの手法を白石は用いているに過ぎない」と断言しているように、こうした浄瑠璃や歌舞伎が上演されたということは前政権の批判を白石が黙認していたことになり、白石自身、前政権のネガティブキャンペーンを後押ししていたもののようにも見受けられる。白石のそうした姿勢は、享保元年（一七一六）に起筆した白石の自伝「折《おり》たく柴《しば》の記《き》」のなかにも記録された。ここでは、根拠も示さず〝生類憐みの令〟の違反者数を誇大に吹聴し、生類憐み政策の悪政ぶりを増幅させたといえるだろう。このように、この時期、「犬公方」や〝生類憐みの令〟を擬した浄瑠璃や歌舞伎が幾度も上演され、そして白石の自伝によっても、その悪名や悪政ぶりが面白おかしく拡散していったとみられるのである。

江戸の大名屋敷と犬

大名屋敷の犬改め

貞享四年（一六八七）二月十一日と同月二十一日の法令で、幕府は犬改《いぬあらた》めと犬毛付帳《いぬけつけちょう》の作成を江戸の武家屋敷にも命じた。武家方の対応の一事例として、『伊達治家記録《だてじけきろく》』の同年二月二十八日条によれば、幕府から仙台藩の江戸藩邸内で犬を飼っている者がどのような毛色の犬を何匹飼っているのかを書き出すように命じられ、同時に屋敷内外の犬の取扱いについても指示されていた。具体的には、屋敷内にいる犬を門外へ出さない、門内に入ってくる犬を拒んではいけない、ただし門番が門を広く開けておくと町方の者がわざと犬を屋敷内に放り込むこともあるので門番の者に気をつけるよう申し付けよ、と命じられていた。

江戸の大名屋敷も、幕府の犬改め政策と無縁ではありえなかった。金沢藩の江戸藩邸の事情は、「政隣記《せいりんき》」の元禄八年（一六九五）十二月六日条によれば、年寄から横目に、翌七日から八日のうちに上《かみ》屋敷・中《なか》屋敷・下《しも》屋敷にいる犬の数と毛付を取り調べ、また痩せた犬を養育するように命じたという。このため、犬にかかわる統括は御徒《おかち》の倉知辰右衛門、下屋敷については与力《よりき》の岡本安左衛門の担当となった。この調査の結果、三つの江戸屋敷に犬が二四一匹飼われていることが判明した（『加賀藩史料』第五編）。これに続いて、「この年、幕府が犬を異常に寵愛する法令を出し、犬を傷つけた者は必ず死刑となる」とも記述していた。この年は中野《なかの》犬小屋が建設され、江戸町方の膨大な数の犬が収容されたこともあり、その取締りも厳しさを増していたのである。

この犬改めと犬毛付帳の作成について、幕臣から名古屋藩に付属した千村《ちむら》仲興は宝永三年（一七〇六）三月五日付の書状で、生類を憐れんで粗末にしないよう間違いなく村々へ申し付けると、幕府勘定頭《かんじょうがしら》の大岡清重《おおおかきよしげ》や勘定頭添役《そえやく》の佐野正周《さのまさちか》ら五名に誓約していた（「竹橋蠹簡《ちっきょうとかん》」巻四）。名古屋藩重臣千村氏が、なぜ犬毛付帳作成についての請書を幕府勘定頭らに提出していたのかについては、名古屋藩に付属しながら信濃《しなの》国（現長野県）飯田《いいだ》荒町陣屋《あらまちじんや》で信濃幕領の榑木山《くれき》預《やまあずかり》支配を担当していたからであろう。

国元への犬移送

幕府は犬の保護に積極的に取り組み、元禄初年より武蔵国多摩《たま》郡喜多《きた》見《み》村（現東京都世田谷区）に犬小屋を造って江戸町方の犬を収容しはじめ、元禄八年（一六九五）十一月には巨大な中野犬小屋も完成して犬の収容をはじめたが、一〇万匹に及ぶ犬が集まり、江戸の武家屋敷の犬までは手が廻らずにいた。

そこで、同九年七月二十二日、幕府は大名や旗本に江戸屋敷での犬の取扱いについて、①知行取《ちぎょうとり》の面々が江戸屋敷で飼っている犬を知行所へ持っていく場合は、遠慮なく移動して養育する、②居屋敷《いやしき》（主人が常に居住する屋敷）で飼っている犬を下《しも》屋敷などへ持っていく場合は、自由に移動して養育する、③小禄の面々が飼っている犬を中野犬小屋へ持っていきたい場合は、上司に相談してその指図に従う、という三ヵ条の指示を出した（『憲教類典《けんきょうるいてん》』五）。

大名や旗本が江戸屋敷で飼っている犬を中野犬小屋に収容することは極力減らしたいという幕府の姿勢が看取され、幕府は江戸の町から犬を少しでも減らしたかったのである。この方針を積極的に推進するため、幕府は一週間後の七月二十九日にも旗本・御家人を対象に同様の法令を出していた（『憲教類典』五）。

この幕府方針に諸藩も追随することになった。元禄九年九月、八戸《はちのへ》藩主南部家では足軽や小者《こもの》（身分の低い奉公人）を含む家臣一四人を犬移送のため江戸に派遣し、その二十三日にはこれを担当した役人への道中駄賃や旅籠《はたご》・人足《にんそく》費用の勘定を済ませた。そして、この年十月十九日の記録には、第二陣の派遣役人が江戸から犬二八匹を連れ帰り、このうち三匹は帰路の途中で死んだがその地に埋めることが叶わず、領内まで塩漬けにして運んできて埋葬したという（『八戸市史』史料編・近世二）。

犬の移送のみならず、国元での犬放しを詳細に伝えているのが名古屋藩である。『鸚鵡《おうむ》籠中記《ろうちゅうき》』の元禄十年六月二十六日条に江戸藩邸周辺から運んできた犬四〇匹を名古屋の町に放し、翌日条にも江戸から船で移送してきた犬を放ったことが見えている。こうして、江戸の町から国元へ移送された犬は、放し飼いにすることが求められていた。この時期、幕府が国元や知行所に移送して放つことを命じた生類は、犬だけでなく、鷲《わし》や角鷹《くまたか》にも及んでいた（『憲教類典』五）。金沢藩では、江戸からの移送ではないが、飼育している豚を金沢の町に放し飼いすることを命じ、犬と同様に扱うこととされていた（『加賀藩史料』第五編）。幕府の生類憐み政策の影響により、それぞれの地域でさまざまな対応がみられたのである。

犬の死体をめぐる幕府と藩

『伊達治家記録』の元禄十五年（一七〇二）八月一日条には、先月十七日に江戸木挽町《こびきちょう》（現東京都中央区）仮屋敷前で犬の死体が発見されたことで、その処理をめぐっての幕府と藩のやりとりが詳細に記録されている。藩邸では仮屋敷居住の者に死んだ犬の飼主を尋ねてみたが誰もわからなかったので、江戸詰《えどづめ》藩士の大越十左衛門が幕府に事の詳細を文書にまとめて提出した。

七月二十二日になって、幕府の小人目付《こびとめつけ》が木挽町仮屋敷にやってきて、埋葬した犬を掘り起こして箱に入れ、大越氏に辻番人四人を伴わせて町奉行松前嘉広《まつまえよしひろ》のもとに持参させた。町奉行は目付の津田三左衛門と荒木十左衛門に犬の死体を検死させ、とくに問題がなかったため以前のように埋葬するように命じ、小人目付を付き添わせて屋敷に戻した。

また、町奉行所から辻番人らが呼び出され、犬がどこから来たのかなどと問われ、その事情を話した。一方、大越氏にも辻番人らから事情聴取したことがあれば、不確かなことであっても申し出、今後さらに聴取して文書を提出するようにとの要請があった。このため、大越氏は改めて辻番人らから事情を聞き、その聴取内容を文書にまとめて提出した。

なおも、町奉行所が辻番人らの詮議を継続したため、江戸藩邸では幕府老中稲葉正通《いなばまさみち》の用人に事情を報告することになり、藩主伊達綱村《だてつなむら》へも上申した。これにより、藩の重臣大堀庄介が老中の用人と町奉行所に出向き、これまでの事情を説明した。ところで、町奉行所が犬の詮議に乗り出したのは、死体の発見された場所が藩邸内ではなく、藩邸前であり、そこが町奉行所の支配区域内であったからであろう。

この事件に続いて、七月二十日、仙台藩の小人《こびと》三人が付き添って年季明けの人足一五〇人とともに国元への帰路の途中、人足の一人が足に痛みを感じて歩けなくなったので馬に乗せたところ、江戸千住宿《せんじゅ》（現東京都足立区・荒川区）と草加宿《そうか》（現埼玉県草加市）の間で馬がつまずき、人馬ともに堀の中に落下し、人に別状はなかったものの馬が怪我をするという事件の詳細を記録している。このとき、地元住民が集まり、代官伊奈忠篤《いなただあつ》へ通報し、検視が来るまでその場に留まるように要請した。そこで、仙台藩側の人足四人と小人一人が留まり、もう一人の小人は江戸藩邸へ連絡のため戻った。

江戸藩邸では、幕府に届けを出すべきかどうかがわからず、平与次郎が代官伊奈氏のもとへ出向き、その用人に相談した。その結果、同様の事件は幕府に届け出るのが通例であると諭された。このことに人足・馬主双方とも何の異論もなく、留まっていた人足は伊奈氏の配慮によって役人二人が付き添い、江戸藩邸に送り届けられた。この時期の江戸およびその近辺での生類をめぐる事件は、幕府とのかかわりなく解決できなかったが、そうした事件に際して仙台藩では幕府との人脈を遺憾なく活用していたのである。

中野の犬小屋

犬小屋の建設

喜多見村の犬小屋

江戸の町では幾度となく犬の保護令が触れられたが、その殺傷事件が根絶することはなかった。幕府がその徹底をはかればはかるほど、それを揶揄《やゆ》するような残虐な事件が相次いだ。こうなると、法令の遵守《じゅんしゅ》を求めるだけでは限界であり、別の手段を講じなければならなかった。その手段の一つが犬小屋を造って江戸町方《まちかた》の犬を収容することであった。

なお、犬小屋に収容された犬や犬小屋から村々に預けられた犬は、当時の史料・記録には「御犬《おいぬ》」と記されている。野犬であろうが、飼犬であろうが、犬小屋に収容されると幕府管理の犬となり、将軍の権威を帯びた「御犬」となった。「御犬様」と呼ばれる所以《ゆえん》である（以下、単に犬と表記）。

貞享四年（一六八七）二月、幕府が江戸の町方や江戸周辺農村に犬毛付帳《いぬけつけちょう》の提出を命じた際、犬支配役を担当していたのが側用人の喜多見重政《きたみしげまさ》であった。喜多見氏の所領は武蔵・上野《こうづけ》・河内《かわち》三ヵ国内に二万石あり（『新訂寛政重修諸家譜』第九）、その陣屋は武蔵国多摩郡喜多見村（現東京都世田谷区）の慶元寺《けいげんじ》前にあった（『新編武蔵風土記稿』第七巻）。この陣屋内に犬小屋が設けられたが、元禄二年（一六八九）二月に分家喜多見重治《しげはる》の刃傷事件などにより領知を召し上げられたため、この地は幕領となり、犬小屋担当の下役が配置されていた（竹内秀雄「喜多見の犬小屋」『世田谷』第二一号）。これが、犬の収容施設「犬小屋」の始まりである。

元禄六年二月、幕府代官間瀬《ませ》吉大夫の手代《てだい》丸山清兵衛・浦月茂左衛門が勘定所に提出した「武州喜多見村御用屋鋪諸色御入用帳《ごようやしきしょしきごにゅうようちょう》」が「竹橋余筆別集《ちつきょうよひつ》」に収められている。当時、喜多見村には幕府の御用屋敷があり、この地域の幕領支配の拠点となっていた。この帳簿は元禄五年分の喜多見村御用屋敷の維持にかかわる会計報告だが、その中心が犬小屋関係のものであることから、この犬小屋は元禄五年以前に造成されていたことがわかる。

御用屋敷内には、正月から十二月までの日数三五四日で犬の総数一万三八七八匹を預かり、ほとんどは病犬であったが、その養育のために延べ五七二八人の人手を要していた。またここには、陣屋役所・門番所・台所・舂屋《つきや》（米つきをする小屋）・鶏《にわとり》部屋・鶏遊び所などのほか、収容犬の施設として介抱所・看病所・寝所などがあり、「犬医」が置かれていた。そのほか、犬には村預けのものがあり、百姓たちに預けられ養育されていた。犬の村預けは、この段階から始まっていたのである。

また御用屋敷は「御囲《おかこい》」とも呼ばれたが、ここでは犬の世話をするほか、養生のため河原や野辺へ連れ出すこともあり、夜間には手代や下役人が「御囲」内を巡回し警備していた。また狼よけと思われるが、毎夜、御用屋敷や多摩川対岸の小机《こづくえ》領《りょう》村々（現神奈川県川崎市など）で空砲の鉄砲を打っていた。このため、筒薬や火縄の代金もかかっていた。これらの経費は、幕府勘定所賄いで全額が公費から支出されていたのである。

四谷・大久保の犬小屋

元禄八年（一六九五）三月、幕府は千駄ヶ谷《せんだがや》村（現東京都渋谷区・新宿区）に犬小屋の建設を決定した。同月三十日、加賀《かが》国大聖寺《だいしょうじ》藩主松平（前田）利直《としなお》は四谷《よつや》御用地に犬小屋普請の助役《すけやく》を命じられ、この普請の奉行は御側《おそば》の藤堂良直《とうどうよしなお》と米倉昌尹《よねくらまさただ》が担当することになった（『常憲院殿《じょうけんいんどの》御実紀』）。御手伝普請は、大名課役の一つで、助役ともいい、幕府の大規模工事に際して領知高に応じて人足《にんそく》や資材・費用を負担したものである。

この御用地は、千駄ヶ谷村の地内一万八九二八坪七合であり、側用人の柳沢保明《やなぎさわやすあき》（吉《よし》保《やす》）らの屋敷を収公したものであり、同年四月五日にその引渡しが行われた（『東京市史稿』産業篇第八）。この代地として、柳沢氏には武蔵国豊島《としま》郡駒込《こまごめ》村（現東京都文京区・豊島区）のうちに四万七〇〇〇坪の土地が与えられ、その一部が東京都内の名園として国特別名勝に指定されている六義園《りくぎえん》である。

また大久保の犬小屋も同時に建設されていた模様で、その規模は大久保村（現東京都新宿区）地内のおよそ二万五〇〇〇坪であった。

これらの犬小屋は同年六月一日に竣工し、この工事に参画した者たちは褒美を賜った。これに先立つ五月二十三日、「常憲院殿（綱吉）御実紀」によれば、元鷹匠《たかじょう》であった寄合番の尾関甚左衛門・井口宗貞・野辺英当・比留《ひる》正房・沢実重の五名が大久保犬小屋の支配を命じられた。しかし、「柳営日次記《りゅうえいひなみき》」によれば、比留氏だけが大久保犬小屋の支配で、井口・尾関・野辺の各氏は四谷犬小屋の支配であったと記される。このうち、野辺を除く四名は元禄七年まで近江国内に居住していた鷹匠であった。

なお、「柳営日次記」によれば、元禄九年六月十八日、四谷犬小屋支配の井口氏は病気により退任し、代わりに鳥見《とりみ》の飯田長左衛門が引き継ぐことになった。そして、同年七月十日には小姓組《こしょうぐみ》の松平次郎左衛門が大久保・四谷犬小屋の支配を命じられた（「甘露叢」）。

四谷の犬小屋では、元禄八年五月二十五日から犬の収容が始まり、六月三日の江戸の町《まち》触《ぶれ》には「人に荒き犬」を収容しているので、今後も町々に「人に荒き犬」がいたならば町奉行所に書面をもって届け出るように申し渡していた（『江戸町触集成』三二一八号）。つまり、四谷犬小屋の収容犬は単なる無主犬ではなく、獰猛犬《どうもうけん》であり、都市問題としての野犬対策としての色彩が強かったのである。

中野犬小屋の用地

元禄八年（一六九五）、幕府は中野村（現東京都中野区）にも犬小屋を建設することにしたが、その用地をどのように確保していったのであろうか。同年十月の中野村の「御用地ニ渡候田畑書貫帳《かきぬきちよう》」（堀江家文書C七六）によれば、百姓八二人と宝仙寺《ほうせんじ》から田畑・屋敷・芝地合わせて反別二三町五反四畝一〇歩、これを坪数で示せば七万六三〇坪が御用地として収公されていたことがわかる。

その後も、犬小屋の敷地は拡張され、元禄十五年五月の「中野村亥《い》・子《ね》両年御用地相渡候反別之覚《たんべつのおぼえ》」（堀江家文書C七七）によれば、元禄八、九年の両年で百姓六一名と宝仙寺から田畑反別四八町九反一七歩、これを坪数で示せば一四万六七一七坪が犬小屋建設のための御用地として収公されていた。この二つの帳面には、土地を引き渡した百姓の人数に違いがあるが、後者の帳面からは元禄九年にも中野村では田畑反別二五町三反六畝七歩を御用地として幕府に引き渡していたことがわかる。

一方、中野村の年貢割付状《ねんぐわりつけじよう》から確認してみると、元禄八年に反別四七町七反三畝一九歩、坪数で示せば一四万三二〇九坪が御用地となって年貢から差し引かれ、その石高《こくだか》は二四〇石三斗六升四合で村高の一二%に相当した。翌九年にも反別一町一反六畝二八歩、坪数で示せば三五〇八坪、その石高五石一斗九升七合の土地が御用地として年貢から差し引かれていた。つまり、この両年で合計反別四八町九反一七歩、坪数で示せば一四万六七一七坪、その石高二四五石五斗六升三合が御用地として年貢から差し引かれていた（堀江家文書E五三〜五五）。このように、土地台帳でも、年貢割付状でも、最終的に中野村では田畑反別四八町九反一七歩の土地が犬小屋の御用地として収公されていたことが確認できるのである。この反別は、犬小屋の縮小・廃止のなかで返却された土地とほぼ符合する。

しかし、中野犬小屋の御用地は中野村の土地だけで完結していたわけではなく、周辺の高円寺《こうえんじ》村（現東京都杉並区）などにもおよんでいた。元禄十年四月二十五日に作成された「犬小屋御囲場絵図《おかこいばえず》」（堀江家文書S一）によれば、元禄八年には一七万九一五六坪、翌九年には一〇万二三三〇坪、二年にわたって御用地の普請が行われ、それぞれの道路分として一万一〇九五坪と五〇七一坪も造成された。こうして、中野犬小屋全体の御用地は二九万七六五二坪に及んでいた。つまり、元禄八年段階では中野犬小屋の面積のうち中野村の土地は約八〇%を占めていたが、拡張工事が終了した元禄九年段階では約四九%となっており、それだけ高円寺村などの土地が犬小屋御用地として収公されていたのである。

犬小屋御用地の確保が済むと、その建設を進めることになり、元禄八年十月十四日、その奉行に四谷・大久保の犬小屋の時と同様、御側の藤堂氏と米倉氏が任命され、その手伝いを美作《みまさか》国津山《つやま》藩主の森長成《もりながなり》と讃岐《さぬき》国丸亀《まるがめ》藩主の京極高或《きょうごくたかもち》が命じられた（「柳営日次記」）。同月二十二日、手伝いを命じられた二人には犬小屋建設の御用地が引き渡され、森氏が一一万坪、京極氏が五万坪を担当することになった（「改正甘露叢」）。この中野の犬小屋は、四谷・大久保と同様、「御用屋敷」や「御囲」「御犬囲」とも呼ばれた。

中野犬小屋の建設

「柳営日次記」の元禄八年十一月十三日条には、江戸より西に一里（約四キロ）離れた中野の田園に、土居《どい》を築き、柵を建て、小屋を造ったと記されている。また「常憲院殿御実紀」の同年十一月二十九日条には中野犬小屋が落成したことが記され、十一月十三日条にはその犬小屋に江戸の町の犬を運んで収容しはじめ、幾日もたたないうちに一〇万匹に達したと記録される。

以後も中野犬小屋の拡張工事は続き、元禄八年十二月七日には丹波《たんば》国宮津《みやづ》藩主奥平昌成《おくだいらまさしげ》が来春の完成を目指して増築の手伝いを命じられ（「柳営日次記」）、ほかに志摩《しま》国鳥羽《とば》藩主の松平乗邑《まつだいらのりさと》と石見《いわみ》国津和野《つわの》藩主の亀井茲親《かめいこれちか》もその手伝いを命じられていた。

こうして、総面積二九万坪余の巨大な犬小屋が完成するのであるが、元禄十年四月二十

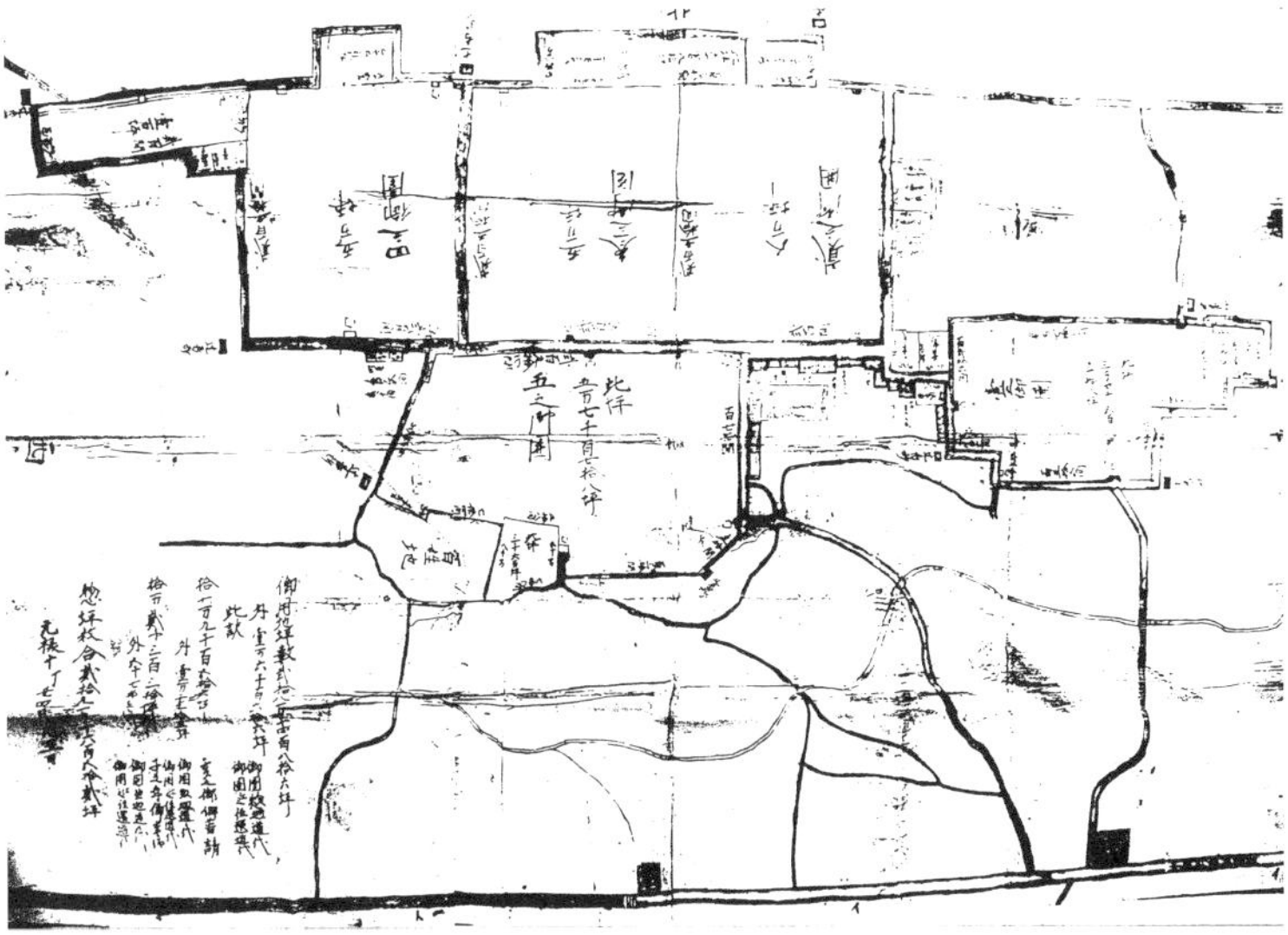

図８　「犬小屋御囲場絵図」(写真版、首都大学東京図書館蔵)

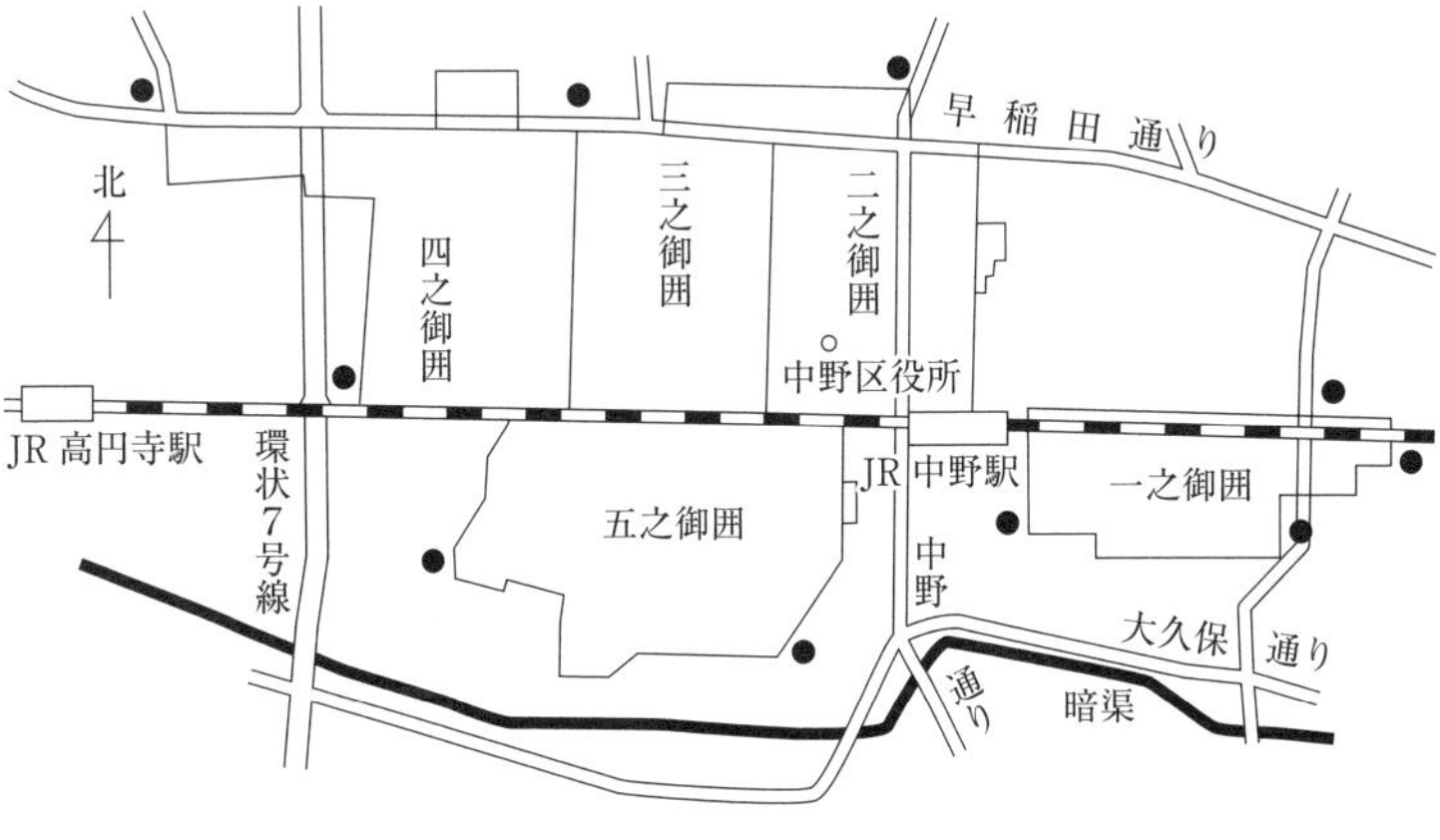

図９　中野犬小屋の用地（「犬小屋御囲場絵図」をもとに著者作成）

現在の地図に中野犬小屋の用地を位置づけたもの。元禄８年から９年にかけて、段階的に敷地が拡張され、一之御囲から五之御囲の順に造られた（●印は辻番所）。

五日に作成された「犬小屋御囲場絵図」によれば、この敷地の内部は五つの「御囲」からなり、「壱之御囲」三万四五三八坪、「弐之御囲」五万坪、「参之御囲」五万坪、「四之御囲」五万坪、「五之御囲」五万七一七八坪であり、犬小屋本体の敷地面積は二四万一七一六坪であった（白橋聖子・大石学「生類憐みの令と中野犬小屋」東京学芸大学近世史研究会編『近世史研究』第四号）。

この中野犬小屋の拡張工事の背後に四谷犬小屋の取り壊しがあり、元禄十年六月二十二日の町触《まちぶれ》では四谷犬小屋の解体工事の入札《いれふだ》参加者を募集していた（『江戸町触集成』三三一七号）。このように、四谷の犬小屋はおよそ二年で解体されることになり、犬小屋を中野に一本化させていったことがわかる。おそらく、犬小屋を府外に移したかったのであろう。

犬小屋の建設は、幕府や御手伝普請を命じられた藩の助力だけで完結していたのではなく、その資材は関東農村からも調達されていた。幕府は資材を提供できる村々に命じて必要な物品を納入させ、その代金を支払っていた。

元禄八年十一月、相模《さがみ》国高座《こうざ》郡羽鳥《はとり》村（現神奈川県藤沢市）の名主・年寄らは、中野犬小屋の建設資材となる竹の納入に際しての運送費用などの書上を藤沢役所に提出していた。羽鳥村は中野犬小屋までの一五里（約六〇㌔）の道のりを馬で運び、竹の運送費用とこれに付き添った宰領《さいりよう》経費の合計銭一三貫四〇〇文を支出していた。なお、竹の総数は唐竹と「ない竹」合わせて一一五〇本であったが（『藤沢市史』第三巻・資料編）、これら大量の竹は矢来用の資材として用いられたものであろう。

元禄八年、武蔵国多摩郡上清戸村《かみきよとむら》（現東京都清瀬市）でも、中野犬小屋の囲垣《かこいがき》設置のために植竹六一一〇本の拠出を命じられ、掘り出して納品していた。このため、翌九年春、その代金九両三分と銀一三匁五分を受け取り、村人には竹を掘った数量に応じてその代金が支払われていた。犬小屋の囲垣は、竹を植えて造成されていたのである。これに続いて、この記録を書き残した人物は、中野犬小屋の造成について百姓地を無駄に使い、金銭の無駄遣いにもなった、と批判的に見ていた（「村野氏年代記」『清瀬市史』）。こうして、膨大な数の竹が関東農村の一部村々から犬小屋の囲垣用として拠出させられていたのである。

犬小屋の運営

犬小屋の管理

元禄八年（一六九五）十月二十九日に一六万坪の中野犬小屋が落成し、幕府はその管理を大久保犬小屋担当であった比留正房に命じ、十一月九日には寄合番の沢奉実にも命じて、二名の担当者を決定した（「常憲院殿御実紀」）。こうして、鷹匠出身の比留氏と沢氏を中野犬小屋の管理者として、その運営がはじまったのである。

そして、その下役人として風呂屋方の大久保市郎左衛門、賄方《まかないかた》の竹尾清左衛門、小普請《こぶしん》手代組頭の岡田新蔵、細工所同心の原田清太夫、寄合番下役の飯田権左衛門、小石川御殿番同心組頭の富山与右衛門、掃除之者組頭の市川伝兵衛ら一一人が命じられた（「柳営日次記」）。この下役人には、元禄九年正月二十九日にも、納戸《なんど》同心《どうしん》の磯村孫助、腰物《こしもの》同心の安田加助、賄方の猪瀬次郎左衛門、細工方《さいくかた》の矢部浅右衛門、寄合組の馬場五郎右衛門ら七人が命じられた（「柳営日次記」）。犬小屋の拡張に対応するための措置であったろう。

そして、元禄八年十一月十一日には徒目付《かちめつけ》の西郷清左衛門・山田伊左衛門ら八人と小人《こびと》目付《めつけ》一〇人が中野犬小屋の「当分 賄《とうぶんまかない》」を、川村杢右衛門ら五人が「当分注進役」の御用を命じられた（「改正甘露叢」）。続いて、十一月二十九日には小納戸《こなんど》の落合道富と石原安種が中野御用屋敷（犬小屋）の奉行に任命された（「常憲院殿御実紀」）。こうして犬小屋の組織が拡充し、人員が配置されていったのである。

さらに元禄八年十二月二十二日には、小普請の医師二人が中野犬小屋の担当となり、俸禄を賜っていた（「常憲院殿御実紀」）。この犬医師は、喜多見《きたみ》村の犬小屋にも配属されていたもので、犬の病気や怪我に際して食事療法を指導し手当てもしていた。

元禄九年六月二十一日には鳥見《とりみ》出身の海野良幸、七月二十六日には鳥見出身の宿屋善太夫が用人として、十月三日には鳥見出身の戸口長政・加藤重善が中野御犬預かりとして配置された。鳥見職の廃止を目前にして犬小屋担当への異動が顕著となったのである。同五日には西郷清左衛門・山田伊左衛門が徒目付に復帰することになり、その跡役に伴平吉・加藤重善が就任した（「甘露叢」）。このように、役人の異動を繰り返しながら、中野犬小屋の組織体制の整備が進んでいたのである。

なお、犬小屋所管の最高責任者は若年寄《わかどしより》であったが、その若年寄にもさまざまな担当があり、それらは綱吉政権前期には月番《つきばん》体制によって担われてきた。しかし、元禄十一年二月十四日には四人の若年寄のうち本多正永《ほんだまさなが》が中野犬小屋担当の専任となり、その退任後の宝永二年九月二十九日には若年寄の久世重之《くぜしげゆき》が管掌することになった（『常憲院殿御実紀』）。この二人は若年寄から老中に昇進し、この期の幕府政治を支える重要人物となった。

犬小屋の構造

ところで、犬小屋の構造が具体的にわかる資料はきわめて少ない。こうした事情のなかで、視覚的にわかる犬小屋絵図としては次の二点がよく知られる。一つは「元禄九年江戸図」で、ここには簡略な「中野御用御屋敷」の絵が描かれている。その周囲は柵で囲まれ、内部は六つに仕切られ、それぞれの入口には竹矢来《たけやらい》（竹をあらく交差させてつくった囲い）と門があり、その入口をくぐると、散らばった犬小屋一二棟と役所とみられる建物一棟があり、放し飼いされている犬二匹も描かれている。しかし、この絵図から犬小屋の構造を想像することはむずかしい。

もう一つは、中野村名主堀江家の文書に残る元禄十年四月二十五日作成の「犬小屋御《お》囲《かこい》場《ば》絵図」である。これは中野犬小屋全体の平面図だが、犬小屋が造成された順番に「壱之御囲」「弐之御囲」「参之御囲」「四之御囲」「五之御囲」の区画が示され、その立地・規模もかなり正確に記されていて、きわめて重要な絵図である。現在、この絵図の実物は所在不明で、首都大学東京図書館と中野区立歴史民俗資料館に写真版が所蔵されている。

次に、文字史料としてもっとも重要なものは、大田南畝《おおたなんぽ》が寛政十二年（一八〇〇）にまとめた『竹橋余筆《ちっきょうよひつ》』に収められた、元禄十二年九月作成の「元禄九子《ね》年中野・四谷・大窪御用屋敷新規御修復御勘定帳」である。これには、元禄九年の中野御用屋敷などの拡

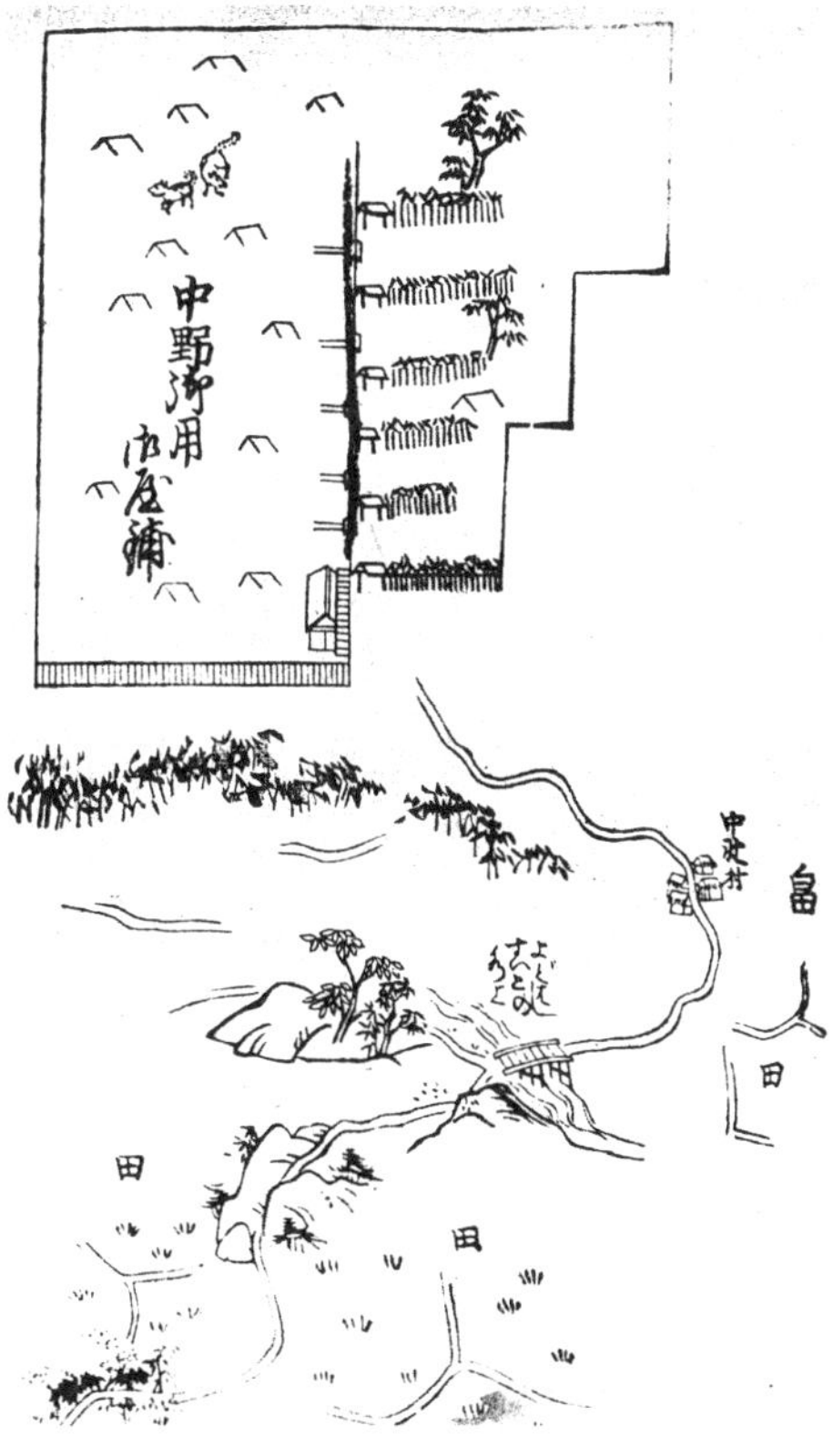

図10　中野犬小屋図

（「元禄九年江戸図」『東京市史稿』産業篇第八）

中野犬小屋は「中野御用御屋敷」とも呼ばれ、武蔵国多摩郡中野村（現東京都中野区）に造成された。この絵図は元禄８年の状況を示しているとみられる。

張・修復工事にかかわる経費が記されている。特に注目されるのは、御用屋敷内に建設された建物の大きさやその数、そして建築費用が示されていることである。

まず御用屋敷内には、御犬部屋《おいぬ》・御犬餌飼部屋《えかい》二九〇棟、御犬小囲舂屋《つきや》、御役屋敷四ヵ所、役人居宅八ヵ所、御用屋敷長屋《ながや》四棟、同日除所《ひよけじょ》二九五棟、食冷まし所五棟、子御犬養育所四五九ヵ所、医師部屋、医師居宅、御側衆《おそばしゅう》・御目付衆・奉行小屋、玄関書院、釜屋、井戸、厩《うまや》、米蔵、塩・味噌蔵、火の見櫓《ひやぐら》、冠木門《かぶきもん》（二本の柱に開閉する扉を付けた屋根のない門）などの構造物があった。このうち、子御犬養育所は御用屋敷の三ヵ所の元御囲内に造ったとの説明があり、「三ヵ所元御囲」とあるように出来上がったばかりの五つの御囲のうちの三つが解消していたようであり、その跡地に造成されていた。このため、当時、犬小屋の規模は一〇万坪に縮小されていた模様で、東の御囲四万坪、西の御囲六万坪に分かれて運用されていたようである。

元禄九年には、桁行《けたゆき》一〇間（一間約一・八《メートル》）・梁間《はりま》二間で柿葺《こけらぶ》き（最も薄い木板を重ねて敷き詰めた屋根）の庇《ひさし》が付いた二五坪の御犬部屋・御犬餌飼部屋二九〇棟（屋根は柿葺き）が造成され、東四万坪内の一一三棟と西六万坪内の一七七棟とに分かれていた。そしてその建設には大工五万四三七五人の労力を必要としたようである。御犬部屋には一部屋ごとに長さ七寸・幅三寸五分・厚さ七分で作られた檜《ひのき》の番号札が取り付けられ、この年広囲いの御犬部屋用二九九枚、小囲い御犬部屋用四〇枚が作られた。少なくとも御犬部屋は三三九部屋あったことになる。また、桁行五間・梁間一間半で七坪五合の日除所が二九五棟あり、東四万坪内の一一六棟と西六万坪内の一七九棟とに分かれ、その建設に大工三三一九人半の労力を必要とした。さらに、桁行四間・梁間一間半で一坪の日除所餌飼所一四一棟半があった。中野犬小屋には、小規模だが膨大な数の建物が存在したのである。

これらを含めた建物やその付属施設などの造作で、この年、銀二三一四貫六五五八匁九分四厘七毛（約金三万八五七七両）と米五五二一九石余とを支出した。実に莫大な費用を投じて、犬小屋の修復が行われていたのである。これはあくまでも元禄九年分であり、この前後の建設と修復とを含めれば、計り知れない巨額が投じられたことは疑いようもない。

犬の収容と移送

中野犬小屋への犬の収容は、元禄八年（一六九五）十一月二十四日から開始された（『正宝事録《しょうほうじろく》』八五四号）。犬を犬小屋へ運ぶ手続きとその移送は、どのように進められたのであろうか。「竹橋蠹簡《ちっきょうとかん》」の「宝永三戌年書状留」には、中野犬小屋への犬移送にかかわる貴重な書状が書き留められている。

宝永三年（一七〇六）八月十七日、代官支配地の市ヶ谷薬王寺前町《いちがややくおうじまえ》（現東京都新宿区）の徳兵衛は、町内の母犬二匹と子犬一二匹を明後十九日に中野犬小屋へ移送することを命じられた。その際、勘定奉行《かんじょうぶぎょう》の荻原重秀《おぎわらしげひで》・石尾氏信《いしおうじのぶ》・中山時春《なかやまときはる》・戸川安広《とがわやすひろ》は、代官の雨宮勘兵衛に犬の移送を要請していた。犬小屋に運ぶべき犬の選定がどのように行われたのかは不明だが、移送の対象となった犬が母犬と子犬であったことからすれば、町内に居付いてしまった無主犬の親子の可能性が高く、その養育に困り果てた徳兵衛が犬小屋への移送を要望したものであろう。こうした犬移送の決済は、江戸の町でも代官支配地であれば、最終的には勘定奉行から代官を通じて行われていたのである。この前提として、徳兵衛から代官に犬移送の願いを出し、それを代官から勘定奉行に上申していたのであろう。

ところで、江戸の町の犬を中野犬小屋にどのように運んだのであろうか。中野区立歴史民俗資料館には竹で編んだ犬移送用の駕籠《かご》（復元）が所蔵されているが、その移送がすべて駕籠で運ばれたものかどうか、実のところよくわかっていない。田中休愚《たなかきゅうぐ》は、その著「民間省要《みんかんせいよう》」のなかで、中野犬小屋への犬の移送方法について、駕籠のほか、刺子《さしこ》（布地を重ねて刺し縫いした衣服）に抱え込んだり、馬車によるものもあり、町単位で幟《のぼり》を立てて名主《なぬし》と町方人足が一緒になって運んでいたと記している。御用の竹木の輸送も同時並行して行われており、四谷から中野までの道路は大変混雑していたという（『新訂民間省要』）。

しかし、江戸の町を闊歩《かっぽ》する無主犬を中野の犬小屋に移送するのは容易なことではなかった。元禄十三年七月十二日の町触《まちぶれ》には、小人目付が犬移送の業務を行っていると見物人が集まり、順調な時は拍手喝采するがそうでない時には嘲笑するため、目付衆は町奉行に犬の移送の際には番人を出して人払いをするように要請していた（『江戸町触集成』三六三七号）。これは、犬移送のための捕獲と理解されるが、当時その担当は小人目付であった。江戸の住人たちは、小人目付の犬移送業務を日常の一齣《ひとこま》として見ていたのである。

犬の餌とその経費

中野の犬小屋に収容された犬は一〇万匹ともいわれているわけだが、その餌はどのようなものが用いられ、それにはどれくらいの経費がかかっていたのであろうか。

『加賀藩史料』に収められた「政隣記《せいりんき》」の元禄八年（一六九五）十二月六日条には、中野の犬小屋には当時八万二〇〇〇匹余の犬が収容され、犬一匹の餌代は一日当たり米二合と銀二分で、その合計は一日銀一六貫目余となり、一年間の餌代は金九万八〇〇〇両余にのぼったと記されていた。この維持費用は、すべて江戸町人から徴収されたという。『鸚鵡籠中記《おうむろうちゅうき》』の元禄九年六月十二日条によれば、中野の犬小屋には毎日三〇～五〇匹ぐらいの犬が収容され、犬の餌は一日当たり米五〇俵に及ぶと記されていた。また「天享吾妻鏡」の元禄十一年十月二十四日条によれば、犬小屋の入用米はこれまで江戸町人の請負で調達されてきたが、膨大な量で不足するようになったため、代官の伊奈忠順《いなただのぶ》がその担当となり、一ヵ月に近所の代官所入用米八〇〇俵を三回に分けて納めることになったという（『東京市史稿』市街篇第十二）。

田中休愚はその著「民間省要」のなかで、犬小屋に収容された犬の養育のむごさやその餌となる米穀調達の困難さなど、犬小屋運営のすべてが矛盾に満ちていたことを嘆いていた。特に、収容犬についてはその種類や性格を無視して養育していたため、その半数近い犬が死んでいた現実を痛ましいと考えていた（『新訂民間省要』）。ここには、犬小屋運営の持続可能性のかけらもなかったのである。綱吉政権自体、犬保護の理想と現実の狭間で困惑していたにちがいない。

御犬上ヶ金と犬扶持

犬小屋収容の犬の養育方法にも問題があったが、その維持費用の捻出も大問題であった。それは、犬小屋の運営費用が莫大であり、幕府も公費からの支出が困難であることを認識していた。

そこで、中野犬小屋への犬収容直前の元禄八年（一六九五）十一月十三日、幕府は犬小屋に収容された犬の餌代を移送してきた町々から出させることにし、その詳細は追って知らせるという町触を江戸の町々に出した（「甘露叢」）。

翌九年五月十八日の町触で、町奉行の能勢頼寛《のせよりひろ》は奉行所内で勘定奉行稲生正照《いのうまさてる》の立ち会いのもと、犬小屋へ犬を移送した江戸の町々から「御犬上ヶ金《おいぬあげきん》」を徴収することを申し渡した（『江戸町触集成』三二三〇号）。この「御犬上ヶ金」は単に「上ヶ金」とも称されたが、あまりにも高額であったために江戸の町人たちから不評を買うことになった。この決定に、勘定奉行の稲生氏が立ち会ったのは、関東農村の幕領からも犬小屋維持費用を徴収することになっていたからであろう。

結局、強制的に徴収しはじめた「御犬上ヶ金」であったが、元禄十年五月十八日には町々の名主が町奉行川口宗恒《かわぐちむねつね》の奉行所に呼び出され、従来の上納金の三分の二を減額し、小間一間《こまいっけん》（江戸の町屋敷の基礎単位。間口一間、奥行二〇間）につき金一分を上納するように命じられた（『江戸町触集成』三三〇七号）。また同十六年十二月には、前月二十三日に発生した大地震により町中が困窮しているという理由で、この年の「御犬上ヶ金」を全額免除とし、すでに上納した分は返金の措置が講じられ（同三八三七号）、宝永元年（一七〇四）六月十四日にもこの年の「御犬上ヶ金」が地震の影響により免除されていた（同三九一五号）。この徴収の撤廃は、将軍綱吉の死による犬小屋の廃止を待たなければならなかった（「改正甘露叢」）。

一方、幕府は中野犬小屋の運営のために、関東農村に対して村高一〇〇石につき一石の割合で「犬扶持《いぬふち》」を賦課した。この「犬扶持」は、米銭だけでなく、さまざまな物品でも上納された。元禄十二年二月、幕府代官古川氏成の手代《てだい》岸田喜太夫は、永二五文五分の現金を受け取った証文を武蔵国入間《いるま》郡三ツ木《みつぎ》村（現埼玉県狭山市）の名主に送った（『入間市史』近世史料編）。三ツ木村は中野犬小屋の御用として藁《わら》と菰《こも》の上納を命じられたが、現物ではなく金銭で納めたのである。

このように、幕府は中野犬小屋の運営費用として、江戸の町から関東農村にいたるまで広範囲に金銭や物品を上納させることにした。これにより、江戸の町の人々は犬の被害を軽減できたが、江戸の町も関東農村も幕府の犬小屋政策に翻弄され、そして御用金の上納によっても生活のうえで大きな痛手を蒙ったのである。

犬の村預け

犬の村預け政策

犬小屋の造成後程なくして、幕府は村落に犬を預けるという政策を打ち出した。その経緯は次の通りである。元禄八年（一六九五）十月二十九日の一六万坪に及ぶ中野《なかの》犬小屋の完成、続いて十二月には拡張工事に踏み切り、翌九年二月十四日には二〇万坪を超える犬小屋が落成した。しかし一方で、同十年六月二十二日の町触《まちぶれ》には、四谷《よつや》犬小屋の取り壊しに伴う解体工事の入札参加者を募っていた（『江戸町触集成』三三二七号）。

この結果、元禄十二年、幕府はまず犬小屋が所在する中野村から収容犬を預ける政策を進めることにした。これを検討した桜井昭男氏によれば、「幕府は中野犬小屋の犬が増えすぎたことから、犬を村に預けるという政策をとるが、その手順は、まず地元である中野

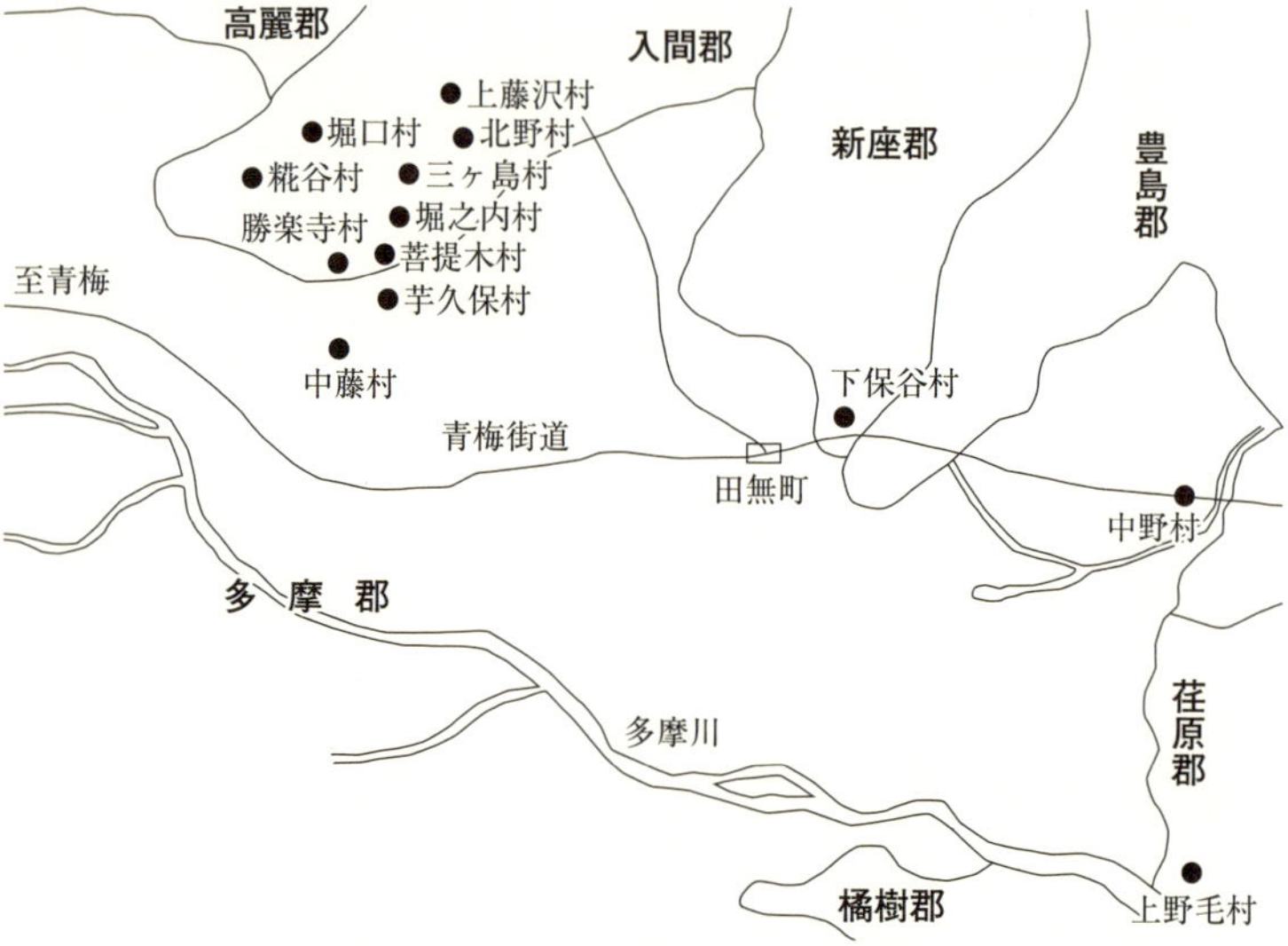

図11　犬を預かった村々（『新編武蔵風土記稿』多摩郡之一より著者作成）
江戸の町から移送された犬は、中野犬小屋に収容されたほか、府外のいくつかの村に預けられ養育された（●印は犬預かり村）。

村に『相対《あいたい》』によって犬を預け、さらに中野村以西、特に青梅街道《おうめかいどう》を通り武蔵野の荒野を越えた地域に対して犬の養育を要請し、それに応じた村が犬を預かることになったのではないか」（「綱吉政権期における犬預け政策と村」『多摩の近世・近代史』）と推察している。

しかし、犬小屋の大半が犬養育の未熟さなどから当初の意図通りに使われず、元禄十二年より犬の村預けがはじまり、そして同十五年以降、幕府が中野犬小屋の御用地の大半を村側に返却しているという事実に着目すると、犬の村預け政策は犬小屋の縮小政策を補完するものであったとみられるのである。

さて、その手続きについては、中野犬小屋を管理する役所から犬を預かるかどうかの打診がまず村側にあり、それを受け入れるかどうかは村側の意思であったのである。一方、村の領主は村人が犬を預かることを快く思っていないということもあった。領主側からすれば、村人が犬を預かって養育金という現金収入を得ることで、農業に専念しなくなり、年貢の納入にも支障をきたすのではないかという危惧《きぐ》があったからである。

現在、犬を預かった村として、中野村のほか、武蔵国荏原《えばら》郡上野毛《かみのげ》村（現東京都世田谷区）、同国新座《にいざ》郡下保谷《しもほうや》村（同西東京市）、同国多摩《たま》郡中藤《なかとう》村（同武蔵村山市）、同郡芋久保《いもくぼ》村（同東大和市）、同国入間《いるま》郡北野《きたの》村・三ケ島《みかじま》村・堀之内《ほりのうち》村・堀口《ほりぐち》村・糀谷《こうじや》村・菩提木《ぼだいぎ》村・勝楽寺《しょうらくじ》村（以上、同所沢市）、同郡上藤沢《かみふじさわ》村（同入間市）が確認できるが、他の村々に及んでいた可能性もある。

預かり犬養育の誓約書

元禄十三年（一七〇〇）から犬を預かった中藤村の村人が、その養育などについて誓約した内容をみてみよう。宝永二年（一七〇五）十一月の同様の文書では宛先が名主《なぬし》になっているので、これも宛先は名主であったとみられる（『武蔵村山市史』資料編・近世）。

ここでは、犬を預かったからといって百姓の務めに支障をきたさない、病犬を大切に扱って役所の指示に従う、犬同士が喧嘩をしたらすぐに引き離す、通行中の者や近村の者には預かり犬を粗末にさせない、狼に襲われないように用心する、預かり犬が死んだ場合には毛色・預かり主・死亡時刻を書き付けて報告する、犬が行方不明になったら徹底的に探し発見したら報告する、犬の養育金は確実に養育者各自へ渡す、中野犬小屋役人の犬改めを受ける、養育金受け取りの際は名主や村役人が養育者各自から印鑑を預かって金銭を受け取る、金を受け取った者はすぐに帰村して養育金を銘々に渡す、犬の養育ができなくなった場合には役所に報告する、犬が生まれたら大切にして役所に報告する、預かった犬や来犬などが怪我をした場合は大切に扱う、犬小屋から預かった犬を密かに他村へ預けない、など詳細な指示について誓約していた。

この誓約書の後半が欠落しているので、その全体はわからないが、預かり犬の養育に関する事項がもっとも多く、ついで犬の養育金の取扱いに関する事項であり、その徹底を図ろうとする姿勢が顕著である。

御犬養育金の支給

犬を預かった村人には、「御犬養育金《おいぬよういくきん》」がどのように支給されていたのであろうか。預かり犬の養育金は、毎年春と冬の二度に分けて、犬一匹につき合計金二分が支給されていた。春に支給される分はその年の十月から翌年三月までの養育費用に、冬に支給される分は翌年四月から九月までの養育費用に充当されるものであった。このように、犬養育金は常に前倒しで支給される特徴をもっていたのである。

一方、犬の養育金は村人にとって家計を支える重要な収入源となり、その暮らしに欠かせない村落もあった。現在、「御犬養育金請取帳《うけとりちょう》」と題された文書は、元禄十六年（一七〇三）二月の武蔵国荏原郡上野毛村（現東京都世田谷区）のもの（『世田谷区史料』第三集）や、宝永五年（一七〇八）二月の犬小屋が所在した中野村（同中野区）のもの（堀江家文書B一七四）が確認できる。

このうち、宝永五年二月当時、中野村では一五九人が一七三匹を預かっていたことが記され、そのなかには前年の四月、八月、十一月から預かった犬二一匹も含まれ、残る一五二匹は継続して養育していた。この村の村人たちは、同年十月から翌年三月までの養育金として一人当たり金一分を受け取っていた。また文書作成の二月以降である三月十五日に四匹、六月十七日に一〇匹、七月十一日に一匹を新たに預かったことも記されていたが、三月十五日より預かった者は同年三月から翌年三月までの養育金として一人当たり金二分と銀二匁五分、六月十七日より預かった者は同年六月から翌年三月までの養育金として一人当たり金一分と銀一〇匁、七月十一日より預かった者は同年七月から翌年三月までの養育金として一人当たり金一分と銀七匁五分を受け取っていた。

このことから、同年七月の時点で、中野村では一六七人（二ヵ寺を含む）が犬一八六匹を預かり、一人当たり一〜三匹を養育していた。貞享三年（一六八六）三月の「放し飼い鶴舞い下り報告につき連判手形」（堀江家文書A一二）に署名した村人が一九八人、享保十九年（一七三四）二月の「村入用割当てにつき連判証文」（同B二二）に署名した村人が二〇六人であったことを考えると、村人のおよそ八割が犬を預かっていたことになる。

御犬養育金の返納

預かった犬の養育にあたって、さまざまな規則を守らなければならなかったとはいえ、その養育金が家計の一助となっていた村人にとって、それを一変させる出来事が発生した。それは、宝永六年（一七〇九）正月十日に将軍綱吉《つなよし》が死去し、同月二十日に中野犬小屋の廃止が決定したため、犬の村預け政策も停止されることになったことである。それというのも、犬の養育金は前倒しで支給されており、その過払い金の返納を求められたからであった。

犬小屋が所在した中野村は、すでに宝永六年九月までの養育金を受け取っていた関係で、同年二月〜九月分の養育金の返納を命じられた。その返納金は預かり犬一匹当たり金一分（銀一五匁に相当）と銀五匁であった。同年六月の「御犬養育金返上請取帳」（堀江家文書B一七五）によれば、中野村の一六七人は一匹当たり金一分と銀五匁（合計銀二〇匁）を名主に納め、全体で一八六匹分の返納金六二両が徴収された。八月には犬を預かっていた者たちが「御犬養育金」のことについて名主へ異議を唱えないことを誓約した連判状を作成し（堀江家文書B一七六）、これにより養育金の返納は滞りなく済んだのである。

しかし一方で、前倒しで受け取った犬の養育金を返済できない村々もあった。このうち、武蔵国入間郡北野村は三組に分かれ、事実上、上北野村、中北野村、下北野村と呼ばれていた。宝永五年八月の「御犬《おいぬ》預《あずかり》高人別帳《だかにんべつちょう》」によれば、上北野村の村人四三人が犬の総数一七四匹、中北野村の村人四四人が一六一匹、下北野村の村人七五人が三一六匹を預かっていた（『所沢市史』近世史料1）。

つまり、北野村全体では、一六二人が一〜六匹の犬を預かり、その総数は六五一匹であった。他村同様、北野村でも預かり犬一匹当たり銀二〇匁ずつの返納命令を受け、その総額は金二一七両に及んでいた。しかし、いずれの村も一括で返済できなかったため、それぞれの村の事情に応じて返金しはじめたのである。

そのなかで、中北野村は宝永六年六月から返納を開始したが、同八年二月の「御犬養育金之内残金之帳」によれば、返納金総額五三両二分と銀一〇匁のうち、まだ金二五両三分と銀一〇匁の残金があった。このため、享保四年（一七一九）三月二十八日になって残金全額を一括返納していた。一方、上北野村の返納金は金五八両、下北野村は金一〇五両一分と銀五匁であったが、いずれもその返納は少なくとも享保初年まで続いていた。

中野犬小屋の役所は、犬の村預け政策を推進させるために、武蔵国入間郡山口領内の下北野村の三郎兵衛、町谷《まちや》村の次兵衛、上勝楽寺村の吉兵衛、下勝楽寺村の伊兵衛、上藤沢村（以上、現埼玉県所沢市）の十郎右衛門の五人に、山口領内の「御犬御用」を命じた。

御犬御用役の返納問題

この「御犬御用」は、山口領内の預かり犬にかかわる世話役を担当するもので、宝永五年十二月、その賄い金として五人が犬一匹につき銀二匁四分ずつを受け取ることになった。ところが、犬の村預け政策の中止によって賄い金の返納を命じられ、それが養育金から支払われていたこともあって一旦村方《むらかた》に返納することになった。しかし、一括返済は無理なため、取り敢えず犬一匹につき銀八分を返済することになり、残金の返納延期を申し出た。ところが返納が滞ったことで、六ヵ村から評定所に訴えられる事態となったが、近村の寺社が村方との仲裁に乗り出してくれたため、上勝楽寺村の吉兵衛、下勝楽寺村の伊兵衛、上藤沢村の十郎右衛門の三人は「身上《しんしょう》半つぶれ」になりながらも返納を済ませた。

一方、北野村の三郎兵衛と町谷村の次兵衛は返納の見通しがつかないまま、次兵衛は訴訟の最中に死去し、正徳五年（一七一五）十月には養育金返納一件で三郎兵衛が追放処分を受けた。三郎兵衛の返納金残額は金九六両と銀五匁であったが、その所持していた田畑・屋敷は追放処分により領主に没収されていたものの、三郎兵衛のあと名主になった五郎兵衛が領主の許可を得て売却し、その代金八〇両と銀五匁を返納分に当てた。なお、不足分は村人などから集めて元文二年（一七三七）七月になってようやく返納金残額を完済したのであった（『所沢市史』近世史料1）。

犬小屋の廃止と犬

綱吉《つなよし》が亡くなってまもない宝永六年（一七〇九）正月二十日、生類憐《しょうるいあわれ》み政策に対する次期政権の態度表明がなされた。江戸城竹之間《たけのま》で老中列座のもと、老中の秋元喬知《あきもとたかもと》が家宣《いえのぶ》の意思を町奉行・勘定奉行・寺社奉行の三奉行と大目付《おおめつけ》に申し渡す形式で行われ、その内容を記した文書は三奉行に渡されたものの触《ふれ》書《がき》ではないとされていた（「被仰渡留《おおせわたされどめ》」）。三ヵ条の内容は次の通りである（「文露叢《ぶんろそう》」）。

家宣政権の態度表明

一、生類憐みのことは、先代将軍の思《おぼ》し召《め》しの通り、いよいよ断絶がないようにとのご意向でした。ただ、この件に関しては下々の者が迷惑を蒙っていることにもご配慮が及ばれていました。今後は、その点に留意し、生類のことで下々の者が困窮しないように規則をつくり、間違った犯罪者が生まれないようにしなさい。全体として、幕府の規則というものはその時々の政治判断によってその理由をうち立て、その時々の将軍のお考えで少しばかり変わるものなので、奉行たちが相談して下々の者が難儀をしないように話し合うことが何より重要である。

一、町中の者が困窮していることにもご配慮が及ばれていました。町々が犬やその他の生類のために入用金を上納することは難儀なことなので、今後は廃止するように心得なさい。

一、中野の犬小屋が廃止されることになったので、その地の犬どもを片付けて、これまたよい方向に進むように相談をし、下々の者が穏やかに暮らせるようにとのご意向がありました。

新政権は、第一条にあるように生類憐み政策の継続を確認しながら、庶民の迷惑になっている部分については取り除き、安穏な生活が営めるようにしていくことを表明した。ここでは、生類のことで庶民が困窮せず、間違った犯罪者を生み出さないようにともいっており、事実上、生類憐み政策が人々を苦しめてきたことを認めるものとなっていた。そこで、幕府は犬小屋維持のために江戸の町々から上納させていた「御犬上ヶ金」の廃止と犬小屋の解体とを決定し、犬を片付けることにしたのである。

犬小屋の解体

このように、中野の犬小屋（「御囲《おかこい》」）は、宝永六年（一七〇九）正月の将軍綱吉の死をきっかけに解体されることになった。『新編武蔵風土記稿』によれば、この犬小屋の土地はもともと中野村の百姓郷右衛門の所持であり、元禄八年（一六九五）に収公されて犬小屋が設置されたが、その解体によって元の持主に返されたという。綱吉の死後、犬小屋が解体されたとすれば、従来の見解のように犬小屋の解体と綱吉の死とは直結していたということになる。

一方、「御場御用留《おんばごようどめ》」によれば、犬小屋の土地が御用地となっていたのは、元禄八年、九年から代官細井九左衛門勤役《きんやく》中の八年間だけであり、その跡地は代官今井九右衛門勤役の同十五年に百姓に返されたと記されている。

このように、双方の見解は大きく食い違い、それによって犬小屋の運営にかかわる歴史評価も大きく変わる可能性が出てくる。というのは、綱吉在世中の元禄十五年に犬小屋の跡地を百姓に返していたとすれば、その段階で犬小屋は解体されていたことになり、その後は犬の村預けで乗り切ろうとしていたことになる。つまり、犬小屋の解体は綱吉の死とは無関係ということになり、幕府が犬小屋への犬収容から犬の村預けに大きく政策転換していたという歴史評価もできるわけである。

そうした疑問を解決するために、中野村の農民の土地移動を確認してみよう。前述したように、中野村の土地台帳や年貢割付状《ねんぐわりつけじょう》では、元禄八、九年の両年にわたって村の半数近くの農民から田畑反別四八町九反一七歩、坪数で示せば一四万六七一七坪が犬小屋建設のための御用地として収公されていた。しかし、造成された五つの御囲のうちの三つは当初から機能していなかったようであり、東西二つの御囲一〇万坪で運用されていた模様で、元禄十五年には反別三七町一反三畝二六歩、坪数で示せば一一万一四一六坪、その石高《こくだか》一八七石九斗七合が「御用明立返」という理由で返却されていた。これは、中野村が御用地として収公された土地の約七六％にあたり、犬小屋御用地が大規模に縮小されていたことを示している。

これ以降も、元禄十六年に二反七畝二八歩、宝永元年（一七〇四）に四町七反六畝一五歩、同二年に三反四畝二一歩、同三年に二石八斗九升七合三勺と続き、残りは少しずつ返却されていき、その記述は宝永七年の年貢割付状で完全に消えたのである（白橋聖子・大石学「生類憐みの令と中野犬小屋」『近世史研究』第四号）。つまり、犬小屋御用地として土地を召し上げられた期間は、その面積に応じて年貢を免除されたが、土地が村落に返却されたあとは年貢課税の対象地に戻っていったのである。

このように、中野の犬小屋は元禄九年段階で造成された御囲の大半が機能せず、同十五年からは土地の一部も返却されていき、一方で元禄十二年から犬の村預けが進められていた。つまり、綱吉の在世中から犬小屋は大幅に縮小されていたわけで、その拡張の三年後には犬小屋での犬養育の路線は大きく修正され、それ以前にも経験のあった犬の村預け政策を進めることになったのである。その大きな要因は、犬小屋運営の困難性、つまり収容犬養育のむずかしさであり、そして江戸町人の「御犬上ケ金《おいぬあげきん》」上納への不満の高まりであったとみられる。

「御犬」の始末

ところで、中野の犬小屋に収容されていた犬、そして村々に預けられていた犬は、犬小屋の解体によってどのように扱われたのであろうか。誰もが知りたいところだが、その真相はよくわかっていない。

そこで、限られた史料ではあるが究明してみよう。前述した家宣政権の生類憐み政策への対応について記した表明文書の第三条で、中野の犬小屋の解体に伴い、犬小屋の犬は「片付ける」方向で処理されることになった。この「片付ける」という言葉もさまざまな事柄を連想させるのだが、犬小屋が解体された以上、どのような方法かは不明だが処分されたという理解で間違いないだろう。この犬小屋の措置について、「文昭院殿《ぶんしょういんどの》（家宣）御《ご》実紀《じっき》」の宝永六年正月二十日条には「中野に設置大舎も停廃すべけれども、これもよろしくはからふべし」とあって、中野の犬小屋を廃止するけれどもよろしく計らうようにとあるだけで、犬の処置についての具体的な説明はみられなかった。

一方、中野犬小屋の廃止によって、犬の養育にあたっていた村々は前払いされていた養育金のうち、過払い分の返納を求められた。村々は突然の返納命令に困惑したが、それぞれの事情によって対応することになった。犬小屋があった中野村でも、同六年六月には名主が過払いされた犬養育金を返納すべく、その一部を村人から受け取っていた（堀江家文書B一七五）。この時の文書には、犬小屋の犬や村々で預かっていた犬の取扱いについて、「当丑《うし》ノ正月中御囲《おかこい》相止《あいやめ》申《もうし》候《そうろう》ニ付《つき》、御囲内《おかこいない》之《の》御犬《おいぬ》分散《ぶんさん》被仰付《おおせつけられ》、依之《これにより》私共《わたくしども》御《お》預《あずか》り御犬《おいぬ》之《の》義《ぎ》も其積《そのつも》り被思召《おぼしめされ》」と記されていて、犬小屋の犬は「分散」するようにと命じられたため、村々で預かっている犬についてもそのようにすることが申し渡されたのであった。「分散」とは分かれて散り散りになることであり、犬は犬小屋からも、犬を預かっていた家からも追っ払われて散り散りになった可能性が高い。

享保期になると、江戸およびその周辺農村では野犬が徘徊していて鷹狩りの復活・維持に大きな影響を与えることになるが、これは犬小屋や犬の村預け政策の廃止によって処分された犬およびその系譜を引くものであったかもしれない。

吉宗政権と鷹狩り

鷹狩りの復活に向けて

吉宗と放鷹制度再興

正徳六年（一七一六）四月三十日、七代将軍徳川家継《いえつぐ》が就任後三年余り、わずか八歳で病死すると、同日、御三家の一つ和歌山藩主の徳川吉宗《とくがわよしむね》がその後継者として江戸城二の丸に入った。次いで、五月二十二日には二の丸から本丸に移り、幕府政治を本格的に始動させることになった。そして、七月一日には享保《きょうほう》と改元され、八月十三日の将軍宣下《せんげ》式の執行により、名実ともに八代将軍となったのである。

吉宗は、享保元年から延享二年（一七四五）九月二十五日に将軍を引退するまでの二九年間幕政を主導し、いわゆる享保の改革を断行した。この改革は、幕府財政の再建を直接的な契機としながらも、国家・社会の再編を意図し、幕府・将軍の権威を高めることに主

図12　鶴　御　成

（楊洲周延「千代田之御表　鶴御成」1897年、国立国会図書館蔵）

鷹が捕らえた鶴は、すぐに鷹匠たちが駈けつけ、腹を割き肝を取り出すなどの措置が行われた。

眼がおかれた。それは、古式の復興と新機軸の創出との両面から進められることになった。放鷹《ほうよう》制度の復活も、その両面の方向性をもって縮小・再編の歩みを遂げていくことになったのである。

吉宗といえば、和歌山藩主時代、五代将軍徳川綱吉《つなよし》の死の一年後の宝永七年（一七一〇）十一月には、伊勢《いせ》国飯《いい》野《の》郡松坂領《まつさかりょう》や同国度会《わたらい》郡田丸《たまる》領などで鷹狩りを挙行し（『南紀徳川史』）、大名のなかでもいち早く再開させていた。元禄期には幕府の放鷹制度の廃止に合わせて、松坂の鷹部屋を廃止し、すべての鷹を放っていたが、鷹狩りの復活に向けた準備は進められていたのである。

ところで、吉宗が将軍に就任し、鷹狩りの復活後も頻繁に出かけたことから、「鷹将軍」の異名をつけられたことはよく知られる。確かに、享保初年の落書で「上（将軍）のおすきなもの御鷹野《おたかの》と下《しも》（庶民）の難儀」（「物揃」『江戸時代落書類聚』上巻）と皮肉られるほど鷹狩り好きであったようである。ここには、庶民の素直な心情が吐露されているが、そこまで鷹狩りに執着した吉宗の真意とはどのようなものであったのだろうか。

吉宗が鷹狩りを復活し、放鷹制度を整備していく経緯は後述するが、まず吉宗が鷹狩りをどのようなものとして認識し、復活させたのかを確認しておくことにしたい。享保十九年（一七三四）十月十八日、吉宗が嫡男の家重《いえしげ》に付属して西の丸の御側《おそば》を務める渋谷良信《しぶやよしのぶ》を呼び寄せて語った「大御所様上意之趣《おおごしょさまじょういのおもむき》」（宮内庁書陵部蔵）によれば、「予が鷹野・猪《しし》狩《がり》をするも一分之《いちぶの》たのしみにする抔《など》と思ふ事も可有《あるべく》なれ共《ども》、左様之事にあらず、治世に乱をわすれずのための鷹野・猪狩なり」とあって鷹狩りを武備の一環であるといい、その背景には武士が柔弱になり武事に疎《うと》くなっているという認識が存在したのである。

また「御鷹野旧記」（国立公文書館蔵）によれば、関東入国以来、徳川家・幕府は遠隔地への鷹狩りにおける勤め向きの心得については、「御要害之筋《ごようがいのすじ》」にかかわることが何より重要であるとの考えをもっていた。吉宗にとって、鷹狩りは「治世に乱をわすれ」ないための武備の一環を担うものであり、そのための鷹場は「御要害之筋」にかかわるものであった。それは、紛れもなく江戸周辺鷹場が単に鷹狩りの場というだけでなく、江戸城防衛のための領域であることを意味していた。

享保期の放鷹制度の復活に際して、将軍吉宗の意に沿ってその実務担当として創出され、大きな役割を担ったものに「御場御用掛《おんばごようがかり》」と「御場掛《おんばがかり》」の存在があげられる。

御場御用掛と御場掛

この二つの担当に共通する「御場」は、本来「御成御場所《おなりおばしょ》」の意味であり、将軍が出かける鷹狩りの場所を指していたが、その広域的な認識の深まりとともに将軍と密接にかかわる領域を示すものへと変化し、「六ヶ所御場」＝「御拳場《おこぶしば》」（将軍が鷹狩りを行う江戸五里四方の鷹場）と同義で使用されるようになっていったのである。

吉宗は、将軍就任以前の享保元年（一七一六）七月二十二日、若年寄《わかどしより》の大久保常春《おおくぼつねはる》に「鷹のこと」を要請するとともに、鷹坊《たかぼう》（鷹部屋）の運営にあたる役人を人選するように命じ、幕府放鷹制度復活の中心人物に据えたのである。「有徳院殿《ゆうとくいんどの》（吉宗）御実紀附録《ごじつきふろく》」では、常春の起用を「鷹狩りが元禄時代より廃止されていて、その事情を知っている者もおらず、常春が何事にも熟練していた者であったので、御鷹のことも担当するようになった」と記し、何事にも精通していたことが「鷹のこと」を担当させた理由であった。この

「鷹のこと」とは、鷹関係を統轄し、「御場御用掛」を担当することを意味していた。

なお、「御場御用掛」（「御場御用懸《がかり》」）は吉宗政権のもとで創出されたものであり、家綱時代の若年寄の職務分掌の一つである鷹方《たかかた》支配担当と似通っている部分もあるが、同じではなかった。特に、常春は吉宗の鷹狩りにいつも随行するようにとの命を受けており、将軍の鷹野御成《たかのおなり》や「御場」に関する事柄のすべてを担うことになったのである。

この結果、享保元年八月三日、大久保常春の人選により、綱吉時代に鷹師頭《たかしがしら》（鷹匠《たかじょう》頭《がしら》）を務めた新番士の戸田勝房《とだかつふさ》と小普請《こぶしん》の間宮敦信の両名が「御鷹の事」を命じられた。そして九日には、吉宗自ら戸田勝房を江戸城に呼んで、四代将軍家綱時代の鷹狩りの故事を垂問した。戸田氏は近世初期より鷹師頭を世襲してきた家柄であり、吉宗は将軍の鷹野御成をもっともよく知る戸田氏から、元将軍の鷹野御成の故事を直接聴取しようとしたのである。

また、吉宗政権期の「御場掛」は幕府の小納戸《こなんど》・御側・小納戸頭取《とうどり》が務め、和歌山藩士時代より吉宗に近侍した人物のなかから選ばれ、その後の「御場掛」も「紀州系」の者が担当することが多かった。やがて、「御場掛」は小納戸（頭取）の職務分掌の一つとなり、小納戸自体が将軍に近侍して身辺の雑務を担当する役目であったこともあって、将軍の側近として御場御用の重要な担い手となったのである。その後、吉宗の嫡男家重が西の丸に移り、元文元年（一七三六）から小菅御殿《こすげごてん》に宿泊するようになると「西丸御場掛《にしのまるおんばがかり》」が成立し、これまでの将軍付きの「御場掛」は「本丸御場掛」と呼ばれるようになった。「御場掛」の職務については、太田尚宏氏の詳細な研究（『幕府代官伊奈氏と江戸周辺地域』）があるので改めて述べる必要はないのだが、簡潔にまとめると鷹場関係の法令伝達、鳥見《とりみ》への指揮やそれを介した鷹場関係事項に関する代官伊奈《いな》氏への指揮、御成先寺院への修復許可、御成先の事前見分、鷹野御成に際しての勢子人足《せこにんそく》（狩猟時に山野の動物を追い出したり、遠方から獲物を追い込む人足）の徴発や騎馬勢子の指揮、御拳場内各所の植樹と園地化などであった。「御場掛」は、将軍の側近として、「御場御用掛」の指揮のもとで鳥見や代官伊奈氏に指示しながら「御場」にかかわる幅広い活動を担当していたのである。

「御鷹」飼養の開始

さて、鷹狩りの復活に鷹の確保は欠かせない。鷹には、蒼鷹《おおたか》・鷂《はいたか》・雀鷂《つみ》・隼《はやぶさ》などの種類があり、これらを総称して「鷹」と呼んでいた。

吉宗政権は、享保九年（一七二四）八月十三日の書付で、「今後、鷹の種類である蒼鷹・鷂・雀鷂・隼には『御』の字を付けず、その総称『御鷹』には『御』の字を付けて書き、話し言葉の場合も同様である」と命じた。つまり、従来は慣例で「御鷹」と呼んでいたものを、この命令により鷹の総称を公式に「御鷹」と書き、また呼ぶことにした。つまり、自然に生息するさまざまな種類の鷹に権威性はないが、将軍の鷹狩りで用いられる鷹は「御鷹」と呼ばれて権威性を帯びることを明確にしたのである。

その二年前、同七年七月の鷹師・鷹師同心《どうしん》への通達のなかで、「鷹の訓練で野先に出かけてからは話し言葉でも『御鷹』と言ってはならず、書付などに記す場合にも誰鷹と書くように。そして、江戸に戻ってから『御鷹』と言うように」と命じていた。これは、野先に出かけた鷹師が「御鷹」の権威を農民らに振りかざさないようにとの配慮からであった。

ところで、鷹の呼称はわかりにくいもので、一般には馴染みがないものである。その捕獲・育成方法によって、野生で暮らしていたものを網で捉えて育てる網掛《あがけ》と、雛のうちに巣から下ろして育てる巣鷹《すだか》との別があった。またすべての鷹は雄が小さく、雌が大きいという特徴があったが、それぞれの種類には雌雄・年齢などで別の呼び名があった。蒼鷹《おおたか》の雄を兄鷹《しょう》、雌を弟鷹《だい》・大鷹といい、その一歳鷹を若鷹《わかたか》・黄鷹・新鷹《あらたか》、二歳鷹を片鴘《かたがえり》・撫《なで》鷹《たか》・山帰《やまがえり》、三歳鷹を諸鴘《もろがえり》・青鷹、四歳鷹を諸片鴘《もろかたがえり》、四歳以上の鷹を鳥屋《とや》といった。それらが組み合わされて、網掛鷂《あがけはいたか》・若弟鷹《わかだい》などと呼ばれた。鷂《はいたか》は雌で、箸鷹《はしたか》ともいい、その雄をコノリ（兄鷂・児鷹）といった。また雀鷂《つみ》も雌であり、その雄をエッサイ（雀鷂・悦哉）といった。

さて、幕府は鷹狩り用の鷹をどのように入手し、馴養していたのだろうか。実のところ、幕府でも鷹のことを吉宗の将軍就任まで等閑にしていたわけではなかった。正徳元年（一七一一）十月、鷹の飼育は徳川家宣の将軍就任を祝して来朝した朝鮮通信使が贈った鷹によって再開されていた（「享保年中御鷹心得方其外帳」宮内庁書陵部蔵）。これは、享保期の放鷹制度復活のなかで諸大名から献上された鷹とともに、鷹師頭が管轄する鷹部屋で飼育・活用されていったのである。

しかし、将軍が使う鷹は献上鷹に頼るだけでなく、御巣鷹山《おすたかやま》（御鷹巣山《おたかすやま》）を定めて鷹師が巡回して生息状況を視察することも行われた。その代表的な地域に浅間山筋（現長野県・群馬県）や日光山筋（現栃木県日光市）があった。享保八年八月には鷹師同心二名が浅間山筋へ巣廻り御用に出かけて鵠二連《もと》を捕らえて持ち帰り、同年九月にも日光山に出かけて大鷹（蒼鷹）一連・隼二連・鵠八連を捕らえて帰ってきた。御巣鷹山の鷹も、将軍の鷹狩りには欠かせない「御鷹」となっていったのである。

御留場の復活

吉宗の将軍宣下の大礼式《たいれいしき》に先立つ享保元年（一七一六）八月十日、幕府は五代将軍綱吉の代のように「江戸より十里四方」を「御留場《おとめば》」として復活させた（「御鷹野旧記」）。この「御留場」は、鷹狩りの場所を示す「御鷹場」を意味するものではなく、「鳥おどし」を禁じた場所であった。幕府は鷹狩りを復活するにあたって、まずはさまざまな鳥の殺生・威嚇《いかく》を禁止する領域として「御留場」を再指定することからはじめたのである。

この時の具体的な内容は、『徳川禁令考』前集第五によって知られる。同年八月付の「従江戸拾里内郡附」と題された触書には、「江戸より拾里四方」に位置づく武蔵国足立《あだち》郡・豊島《としま》郡・葛飾《かつしか》郡・荏原《えばら》郡・橘樹《たちばな》群・久良岐《くらき》郡・都筑《つづき》郡・多摩《たま》郡・高麗《こま》郡・新座《にいざ》郡・入間《いるま》郡・埼玉《さいたま》郡、相模国三浦《みうら》郡・鎌倉《かまくら》郡・高座《こうざ》郡・愛甲《あいこう》郡、下総国葛飾《かつしか》郡・千葉《ちば》郡・印旛《いんば》郡・相馬《そうま》郡、常陸国筑波《つくば》郡の四ヵ国二一郡が「御留場」に指定され、この地域での「鳥おどし」が禁じられた。江戸より半径一〇里四方の村々をその範囲とし、この触書の差出人は勘定奉行と勘定吟味役《ぎんみやく》であった。

一方、同年九月十一日、幕府は「御留場之儀御書付」を江戸周辺の村々に触れた（『刑銭須知《けいせんすち》』国立国会図書館蔵）。この法令に記された沼辺《ぬまべ》・世田ヶ谷・中野・戸田《とだ》・平柳《ひらやなぎ》・淵江《ふちえ》・八条・葛西・品川の九「領」が改めて「御留場」に指定され、この地域の外側四、五里（約一六～二〇キロ）の間での「鳥おどし」も禁じた。しかし、この時期、江戸周辺には沼辺・中野・葛西の領名は存在せず、この「領」は郡と村の間にあった地域編成単位としての領ではなく、もう少し広い地域概念として用いられたものとみられる。江戸五里四方地域には数多くの領が存在したが、この九つの「領」で新たに「御留場」の範囲を示すことにしたのである。

もう一つ、この法令で特徴的なのは、私領まで幕府の代官手代を派遣して鳥の殺生人を取り締まることを命じたことである。このように、代官所は幕領のみならず、私領をも視野に入れて「御留場」の支配にかかわることが指示されたのであった。そして、同年九月十六日と同月二十七日の二度にわたって鳥見が任命され復活すると、幕府は鳥見が「御鷹場」を巡回して抱屋敷《かかえやしき》や百姓へも諸事を申し付けることを村々に触れた（『御触書寛保集成』一一二五号）。従来のように、鳥見の復活によってその鷹場支配も開始されたのである。

このように、享保期の鷹狩りの復活は、その場所の指定という意味では「御留場」から復活し、鳥見の再置によって「御鷹場」が現象したのであった。「御留場」は鳥の殺生・威嚇禁止区域であり、一方で「御鷹場」は鷹狩りが挙行されるところであり、両者が重なることによって鷹場環境が維持されていくことになったのである。

鷹役人の再置

享保元年（一七一六）八月二十二日、元禄時代まで鷹師頭を務めていた戸田勝房と間宮敦信が再び鷹師頭に任命されて、この役職が復活した。さらに九月十三日には、小栗正等《おぐりまさとも》が鷹師頭見習に任命された。正等は父・正直の代まで鷹師頭を務めた家柄の出身であった。しかし、十二月十九日には、鷹師頭の間宮敦信が諸大名から将軍に献上された鷹のことで不正の噂があって小普請入となり、これにより鷹師頭見習の小栗正等が鷹師頭の本役となった（「有徳院殿御実紀」）。

同年九月十六日には鷹師や鳥見が若干任命され、その役職も復活した。このうち鳥見に任命されたのは、鳥見組頭《くみがしら》の海野幸庠、鳥見の若林義豊・樋口輝孟・内山光利・幡野春照・山田春純・林伝右衛門・戸口長政・佐藤伊右衛門の九名であり（「御場御用留」）、前代に鳥見を務めた家柄の出身者からの選任という方針のもとで選抜された者たちであった（「御鷹野旧記」）。同年十二月にも鳥見組頭一名・鳥見九名が増員され、その総数は鳥見組頭二名・鳥見一七名となった（「御場御用留」国立公文書館蔵）。

鷹師の組織は、享保二年十一月には鷹師頭戸田勝房のもとに鷹師二〇名・鷹師同心上役二名・同見習三名・鷹師同心三三名の合計五九名、鷹師頭小栗正等のもとに鷹師二三名・鷹師同心上役二名・同見習二名・鷹師同心三三名の合計六一名、総数一二〇名で構成されていた（本間清利『御鷹場』）。綱吉の将軍就任直後の天和元年（一六八一）の鷹師人数が鷹師頭五名・鵠頭《はいたかがしら》五名・寄合組頭三名・手鷹師《てだかし》一一六名・鷹師同心二五二名・餌差《えさし》一〇八名であったことからすれば（橋本博『改訂増補大武鑑』）、吉宗政権は鷹師組織を大幅に縮小して鷹役人を復活させたのである。

ところが、鷹役人はこれだけではなかった。享保二年二月には鷹師頭の配下に餌指（餌差）と呼ばれる鷹餌《たかえ》を捕獲する役人が再置され、同年九月にも六名が任命され増員されていた。また享保元年十二月には、「綱差《つなさし》」と呼ばれる役職がはじめて設置された。この役職は鳥見に付属し、鷹狩りの際の獲物となる鳥類を飼育する飼付御用《かいつけごよう》を担当した。綱差は同三年ごろには江戸周辺鷹場の六つの筋に配置されるようになり、寛延元年（一七四八）八月には二六名が確認できる。

この期の鷹役人の復活は、鷹師組織の大幅な縮小、小納戸渋谷氏に属して吹上詰《ふきあげづめ》となった鷹師の存在、享保期の早い段階での餌指業務の完全民営化などの特色があった。一方、鳥見の組織は前代の人員を確保し、飼付御用の綱差を新たに設置し、江戸周辺鷹場の六筋化による鷹場支配の強化と獲物の確保体制の整備とに力を入れることになったのである。

鷹狩りを維持する仕組み

「御鷹」の確保体制

鷹の入手については、元禄期以前の古制が取り入れられたが、享保期には明らかに鷹献上大名が減少していた。これは鷹場や鷹役人の縮小策に準拠したものであり、将軍吉宗の幕府財政再建策と密接に連動していた。

享保期の将軍家への鷹献上大名は、弘前《ひろさき》藩津軽家・秋田藩佐竹家・松前《まつまえ》藩松前家・出羽米沢藩上杉家・出羽新庄《しんじょう》藩戸沢家・仙台藩伊達家・陸奥盛岡藩南部家・信濃松本藩水野家（享保十年水野家が領知没収となったため、その後松本藩戸田《とだ》家）・信濃高島藩諏訪《すわ》家・越後長岡藩牧野家・名古屋藩徳川家・伊予松山藩松平家であり、圧倒的に東北大名の比重が高く、各家とも鷹の種類や献上数にある程度の決まりがあった。

ところで、大名の将軍家への鷹献上は、どのように行われたのであろうか。徳川吉宗の将軍就任二日後の享保元年八月十五日、老中久世重之《くぜしげゆき》は吉宗の命を受け、弘前藩津軽家にこの年の秋のうちに若黄鷹《わかきたか》五居《もと》ほどを献上するように伝達し、同時にこれまでの鷹献上の経緯を記した書類の提出を求めた。これにより、津軽家では同年九月十八日に初鷹《はつたか》一居を献上した（岡崎寛徳「享保期における鷹献上と幕藩関係」『日本歴史』第六二一号）。これが大名の将軍家への鷹献上の復活第一号となった。

同年九月二十一日、秋田藩佐竹家の鷹匠四人は「御初種黄鷹」一居と「御掛替《おかけかえ》」（交代用）の鷹一居とを据えて久保田（現秋田県秋田市）を出発し、江戸には十月四日に到着し、幕府の月番《つきばん》老中の指示により翌五日に藩の江戸留守《るす》居《い》らが御場御用掛の若年寄大久保常春のもとに届けることになった。こうした献上の際、「御初種」の鷹は据え、「二番」の鷹は箱に入れて輸送することになっていた。

翌五日、秋田藩の江戸留守居が、鷹匠とともに大久保常春のもとへ鷹を届けると、まもなく佐竹家には老中井上正岑《いのうえまさみね》よりお礼の奉書が到来した。また七日に、「御掛替」の鷹を献上すべきかどうかを月番老中に問い合わせたところ、大久保常春のもとへ持参するよう指示があり、十一日に鷹を箱に入れて献上した。

こうした鷹献上大名以外に、鷹は臨時に献上する大名や朝鮮通信使からもたらされる場合もあり、幕府は多方面から鷹を入手する体制を構築し、献上鷹の一部は大名に下賜されていた。なお、享保四年（一七一九）九月に朝鮮通信使が来朝した際には、鷹子二〇連《もと》を贈られたほか、使節が逗留していた東本願寺に鷹師頭の戸田勝房を派遣して鷹狩りの技術を尋ねさせた。幕府は鷹の確保だけでなく、放鷹術《ほうようじゅつ》の習得にも力を入れていたのである（「享保年中御鷹心得方《こころえかた》其外帳」宮内庁書陵部蔵）。

鷹部屋と鷹の飼養

諸方面より献上・贈呈された鷹は、鷹狩りに利用できるように飼い馴らす必要があった。それを担当したのが鷹師（鷹匠）であり、その飼養の場所となったのが鷹部屋であった。

前述したように、享保以前に朝鮮通信使から献上された鷹は、江戸城内の吹上《ふきあげ》の花畑奉行のもとで飼養されていたが、将軍吉宗の放鷹制度再興の指令により、享保元年（一七一六）九月には塒出《とやで》（換羽を終えた鷹を塒から出すこと）を命じられ、これにより十月からは鷹の献上も増えていった。このため、鷹部屋の建設は急を要したのである。

鷹部屋や鷹師組織の経緯に詳しい「享保年中御鷹心得方其外帳」によれば、享保元年八月二十二日に戸田勝房と間宮敦信（同年十二月に他職へ異動）が鷹師頭に復帰し、九月十三日に小栗正等が鷹師頭見習（同年十二月に鷹師頭就任）に任命されると、十二月には本郷二丁目裏（現東京都文京区）の甲府藩主松平《まつだいら》（柳沢《やなぎさわ》）吉里《よしさと》の中屋敷が収公されて、戸田・小栗両組の鷹部屋が建設され、翌二年正月に鷹が吹上から引っ越すことになった。

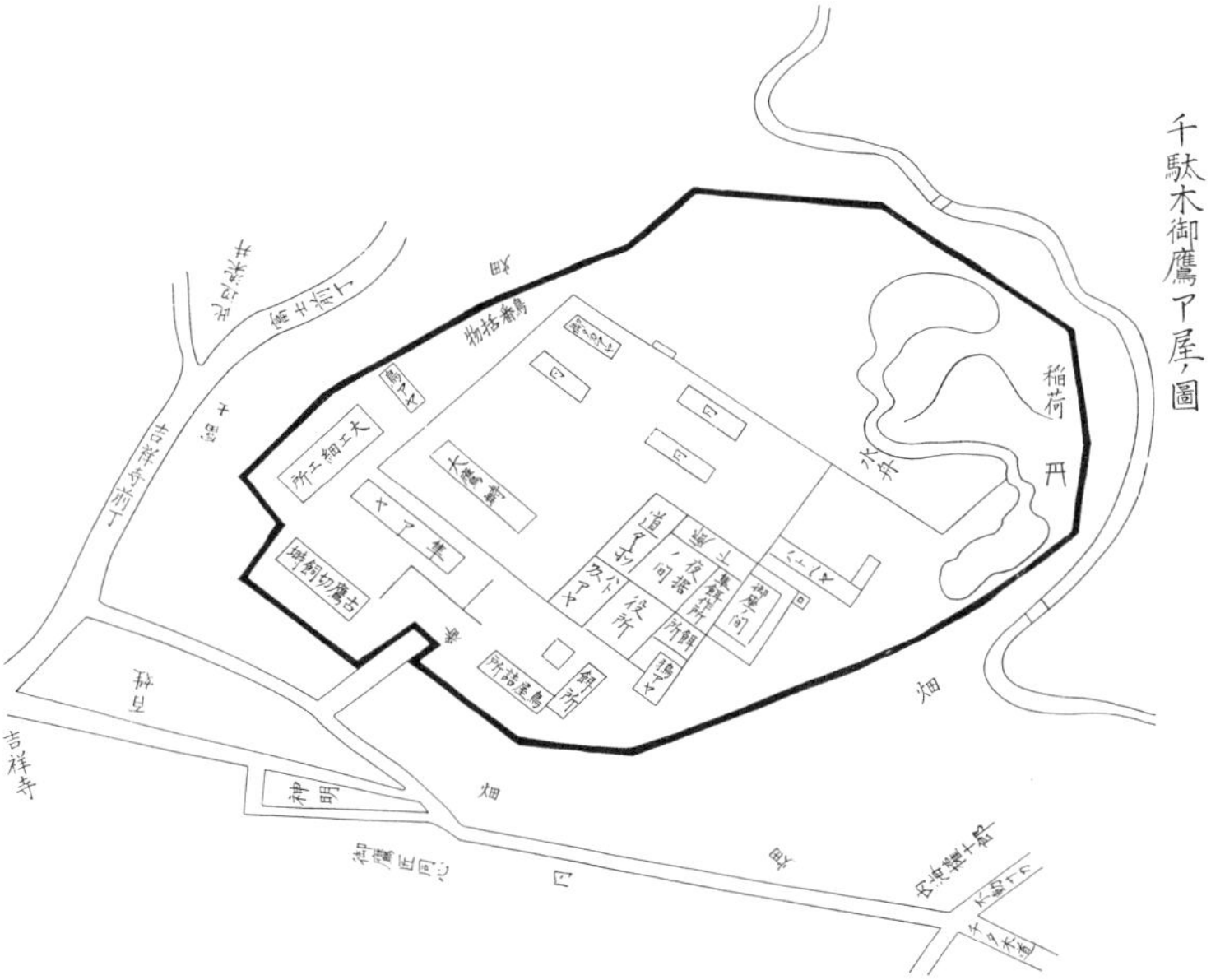

図13　千駄木御鷹部屋（『集約江戸絵図』下巻）

千駄木御鷹部屋は、鷹匠頭戸田氏の管轄で、武蔵国豊島郡下駒込村（現東京都文京区）にあった。この図面には、御鷹部屋、隼部屋、鳩部屋などの施設が見える。

しかし、それからまもない同月二十二日に鷹部屋が焼失したため、同年四月に駒込《こまごめ》・千《せん》駄木《だぎ》あたりの姫路藩主榊原政邦《さかきばらまさくに》の上《あが》り屋敷《やしき》（収公された屋敷）一万坪に両組の鷹部屋と鷹師同心の長屋が建設された。また五月には駒込肴町《こまごめさかなまち》（現東京都文京区）に鷹師の役屋敷も出来上がり、全員がここに移り住むことになった。鷹師の一部は、七月に雲雀《ひばり》の上ケ鳥《あげどり》（江戸城の食膳用に鷹師たちの鷹狩りで捕獲・上納した鳥）御用を命じられて下総国（現茨城県・千葉県）内に出かけ、その職務を始動させることになった。

しかしまたしても、享保三年十二月に鷹部屋・鷹師の役屋敷ともに焼失し、翌四年正月に下駒込村（現東京都文京区）内の寄合近藤用純の下屋敷を収公し、両組の六〇軒の鷹部屋を建設した。そして、焼失跡地には鷹師同心の長屋を建て、同じく焼け出された鷹師らには材木と金三〇両が下賜され、建て直すことが命じられた。なお、同年二月には幕府が飼養していた鷹の帳簿（「御鷹帳」）がはじめて作成され、その数は大鷹三五居、鶴《はいたか》一三居、隼六居の合計五四居であった。

享保四年四月になると、戸田・小栗両組の鷹部屋は分離されることになり、下駒込村の鷹部屋（のち千駄木御鷹部屋）は鷹師頭戸田氏の管轄となり、鷹師頭小栗氏の鷹師たちは雑司ケ谷《ぞうしがや》村（現東京都豊島区・文京区）の三嶽（のち雑司ヶ谷御鷹部屋）に鷹部屋・鷹師の役屋敷・鷹師同心長屋を建設して移り住んだ。ここには大鷹の鷹部屋が三棟、それに隼や角鷹《くまたか》の鷹部屋など、全体で六〇の部屋があり、このうち五〇は塒部屋《とやべや》、一〇は繋鷹部屋《つなぎたかべや》であり、一棟は桁行二四間四尺に梁間二間、一部屋は九尺に八尺の間取りであった。

享保期の鷹師組織は、前代に鷹師を務めた家柄の者が多数採用されたとはいえ、長い間鷹の飼養や鷹遣いが中断していたことで、改めて鷹の馴養態勢を整える必要があった。そこで、享保四年五月二十四日、幕府は鷹師の職能訓練の研修を指示した。紀州出身の鷹師である水上八左衛門・宮井杢太夫・水上三太夫の三名が指南役となって、鷹師・鷹師同心らの教育にあたり、熟練者が初心者を指導する研修の仕組みを整備した。これにより、紀州系の放鷹術が主流となっていったのである。

享保七年正月、江戸の鷹部屋で飼養していた鷹の多くを病気で失ったため、武蔵国八王子にも鷹部屋を建設したが、鷹師組織再編の必要性にも迫られていた。この時期、鷹師は鷹師頭の支配に属しただけでなく、紀州出身であった小納戸《こなんど》の渋谷良信《しぶやよしのぶ》に付属した者たちもいた。同七年二月十日には、鷹師頭の戸田・小栗両組所属の鷹師・鷹師同心のなかから紀州出身の水上八左衛門・水上三太夫・宮井杢太夫ら二〇名を選抜し、吹上役所詰として渋谷氏の支配に所属させることにした。この組織は、吹上明組《ふきあげあきぐみ》と呼ばれ、将軍吉宗の意向を反映したもので、のち人員不足のため小普請組同心より七名を異動させ増員していた。

享保十六年十月二十九日には、渋谷氏に所属した鷹師同心らが吹上役所に常時詰めることは中止となり、その鷹師組織は解体された。この結果、鷹師頭二名による鷹部屋の管理体制が整い、千駄木組と吹上の鷹部屋をも所管する雑司ヶ谷組との二組で維持することになったのである。

餌指と鷹餌の調達

鷹狩りの復活に際しては、鷹のみならず、鷹の餌も欠かせないものであった。鷹の餌は近世前期には犬や鳥が用いられ、幕府職制に位置づけられていた餌指《えさし》（餌差）の捕獲によるものと、村落の課役であった犬の現物納あるいは代銭納によるものとの二系統があった。

享保期以降、仏教の慈悲の精神に基づく殺生禁断の影響と思われるが、幕府では鷹の餌として犬を用いなくなり、雀・鳩などの鳥を利用するようになった。鷹職制の復活の流れのなかで、享保二年（一七一七）二月六日には小普請入となっていた一三名が餌指に任命されて鷹師頭の戸田組に七名、小栗組に六名が配属され（「御場御用留」）、九月二日にも六名が増員された（「有徳院殿御実紀」）。

ところが、この期の鷹餌《たかえ》の調達は餌指だけで担っていたのではなく、江戸の鳥問屋にも委ねていた。享保三年七月、町奉行所は鳥の密猟や密売を防止するため、江戸の鳥問屋を一〇人に限定し、鳥扱いの鑑札を下げ渡すことになった。この鳥問屋一〇人に付属した七人の江戸町人に、鷹餌鳥《たかえとり》の調達を担わせ上納させることにした。しかし、同五年十月、この方式を改め、麹町平河町二丁目（現東京都千代田区）の六右衛門店新兵衛の一手引き受けとした（『撰要類集』第三）。

幕府はこうした鷹餌鳥調達体制に英断を下し、享保七年十一月十八日には餌指職を廃止し、代わりに同年十月に江戸町人八名を鷹餌鳥請負人に決定した（「有徳院殿御実紀」）。これは広く希望者を募り、雀・鳩・頬白《ほおじろ》・蒿雀《あおじ》などの鷹餌鳥が金一両につき何羽で請け負えるかの入札形式を採用して請負人を決定したものである（『大田区史』平川家文書二）。

これにより、鷹餌鳥請負人たちは①金一両につき雀三〇〇羽の割合で鷹餌鳥を請け負う、②餌鳥の収容場所として元数寄屋町《もとすきやまち》一丁目（現東京都中央区）と芝口町《しばぐち》一丁目西側横町（同港区）の屋敷を拝借する、③関八州内で殺生人（雇《やとい》餌差・町餌差）を仕立てて餌鳥を捕獲する、という契約を幕府との間で結んでいた。なお、この段階では鷹師頭のもとに「御《お》抱《かかえ》在郷《ざいごう》餌差」と呼ばれ（『竹橋余筆』）、切米《きりまい》や扶持米《ふちまい》を支給される者たちもいたが、同十一年九月に廃止された。

享保九年十二月にも、町奉行所は鳥商売の改革に着手し、江戸の鳥問屋を限定的に許可することにした。鳥だけを扱う問屋であることを条件に、水鳥と岡鳥とに分けて鳥問屋を選定し、このうち鷹餌鳥の調達は八名の岡鳥問屋が務めることになった。この改革は、仲買商人や雑物とともに鳥を扱う商人を排除するためのものであり、違法な鳥商売を根絶するというねらいをもっていたのである。

代官伊奈氏と鷹野御用

近世初期以来、伊奈氏は代官のなかでも破格の地位を築き、将軍との関係も深かった。将軍家光《いえみつ》の時代に勘定頭《かんじょうがしら》を務めた伊奈忠治《いなただはる》は、将軍の鷹狩りにたびたび奉仕し、その功労により時服《じふく》や羽織を下賜され、また葛西《かさい》への鷹狩りの際には武蔵国葛飾郡小菅村《こすげ》（現東京都葛飾区）にあった忠治の屋敷に立ち寄ったことなどにより、同じく時服や羽織を下賜されていた。

忠治の嫡男として生まれ、家督を相続した代官の伊奈忠勝《ただかつ》（忠克）も、将軍家綱の時代にその鷹狩りにたびたび奉仕し、褒美を賜っていた。特に、隅田村《すみだ》（現東京都墨田区・葛飾区）の木母寺《もくぼじ》が御膳所《ごぜんしょ》となった際には将軍に近侍して御用を勤めた（本間清利『関東郡代』）。

伊奈家はこうした由緒を有していたため、将軍吉宗の鷹狩りの復活に際して、勘定所《かんじょうしょ》から歴代将軍の鷹狩り関係記録の提出を求められ、三代家光・四代家綱の木母寺への御成《おなり》の際の「大概書」と「御道筋書付」を提出した（「御鷹野旧記」）。将軍の鷹狩りとの関係の深さを、証拠書物の提出によって証明してみせたのである。

将軍吉宗の時代に伊奈家当主であった忠逵《ただみち》は、一万石以下の旗本のなかでは地方《じかた》支配の代官でありながら、享保元年九月晦日の「玄猪慶会《げんちょ》」（旧暦亥の月〈十月〉亥の日に子孫繁栄・無病息災を願う祝い）への出座を許され、同二年五月十八日の吉宗の二回目の鷹狩りの際には返還されたばかりの小菅村の伊奈屋敷が御膳所となる栄誉に浴した。これに先立つ十一日のはじめての鷹狩りの際の御膳所は隅田村の木母寺であったが、忠逵は伊奈家の伝統に則り、将軍に魚介を献上した。また、同年十一月七日の鷹狩りの際の御膳所も木母寺であったが、この時も小菅村の伊奈屋敷に立寄っていた（「有徳院殿御実紀」）。

この結果、享保三年四月二日には小菅屋敷の租税が免除され、元文三年（一七三八）七月四日には小菅屋敷のうちの一万坪が将軍家に献上され、小菅御殿《こすげごてん》が築かれて病弱な嫡男家重の格好の療養場所となった。こうして、将軍吉宗のはじめての鷹狩りは、忠逵が勘定所の求めに応じて提出した記録にあった木母寺を御膳所として再開し、その後も利用されるとともに、伊奈氏の小菅屋敷にもたびたび立寄ることになったのである。

このように、代官の伊奈忠逵は地方支配のみならず、将軍吉宗の鷹狩りと深いかかわりをもつようになり、さまざまな鷹野御用を担当するようになった。

鷹場組合と鷹野役

吉宗政権は、放鷹制度の復活に際して、鷹狩りや鷹場の維持にかかわる諸役（鷹野役）を、鷹場村々から恒常的に徴収する体制を構築する必要に迫られていた。鷹野役は、原則的には鷹場村々に賦課される諸役だが、その内容には鷹餌、鷹役人が来村した際の水夫人足《かこにんそく》・勢子《せこ》人足・宿泊入用など、鷹場を整備する御場《おんば》拵《こしら》え人足、鷹狩りの際の御焚出《おたきだし》人足・道具輸送人馬・御茶所働人足など、多様なものが含まれていた。

近世前期より鷹野役は百姓役として位置づけられ、各地域でさまざまな方式で徴収されていたが、村落間ではその負担の割り当てをめぐって村方騒動《むらかたそうどう》に発展する場合が少なくなかった。

そこで、享保四年（一七一九）三月、幕府は鷹場村々に鷹役人の来村に際しての入用の負担方法について通達し、御拳場《おこぶしば》村々への来村時の入用はそのすべての村々の高割で負担し、捉飼場《とりかいば》・「十里内御鷹場」・「新御鷹場」などへの場合はこの三つの鷹場のすべての村々が高割で負担するように命じた（『大田区史』平川家文書1）。このなかで、負担方法については従来の「内証《ないしょう》組合」によるものを否定し、「御拳場惣村」の高割、あるいは捉飼場・「十里内御鷹場」・「新御鷹場」惣村《そうそん》による高割を志向し、その支払い方法はまず村ごとに済ませ、後日入用費を申し出て他の村々から戻してもらうことにしたのである。

しかし、享保八年三月、幕府はそれまでの仕組みを改め、鷹匠が御鷹御用で来村した際の水夫《かこ》人足については公許の鷹場組合（霞組合《かすみくみあい》）を結成し、組合に賦課された課役（霞役）として組合割で負担するように命じた（『大田区史』平川家文書1）。霞組合が結成されているところはともかく、そうでないところでは周辺村々で相談して結成し、人足を拠出させることにした。

この鷹場組合が円滑に結成できない地域では、代官が「一領限」、つまり一つの「領」ごとに組織するように命じ、それが合意に達している地域では、従来からの自主的な結合を尊重することにした。鷹場組合の結成では、そうした村々の自主的な結合を捉え返して把握し、鷹野役の徴収組織として位置づけることに大きな意味があった。なお、ここにみられる「領」は、江戸周辺地域の地域編成単位として機能していたものであり、霞役を負担する地域単位として位置づけようとした。この目的を達成するためには、利害関係による「領」内の分離などの事情を容認せざるをえなかったのである。

その後も、諸地域で鷹野役の負担をめぐる争論が繰り広げられたが、一方で「領」＝鷹場組合同士の結合によって鷹野役を分担し合う契約を結んでいる地域もあった。そしてまた、「領」間に確執が生じた場合には合従連衡が繰り返され、幕府が改めてその鷹場組合を捉え返して把握していくという歴史が存在したのである。

幕府鷹場の再編成

鳥見と御拳場

享保元年（一七一六）十月になると、「御留場《おとめば》」・「御鷹場」のほかに、「御拳場《おこぶしば》」と称される鷹場が登場するようになった。御拳場は将軍の鷹狩りが行われる場所で、鳥見がその支配にあたり、「江戸五里四方」にわたる鷹場であった。しかし、御拳場に指定された村々でさえ、その意味がわからないという実情があった。享保三年七月二十四日、鳥見《とりみ》は「村々が御拳場の意味を理解していないということを承知しているが、私たちが触れた法令の請書《うけしょ》を提出している村々は御拳場であるので、そのように心得よ」と御拳場村々に通達していた（『八潮市史』史料編・近世Ⅱ）。強引な説明だが、その意味はともかく、現象面から理解させせようとしていたのである。

さて、御拳場は江戸およびその周辺農村がいくつかの地域に分割され、それを「筋《すじ》」と

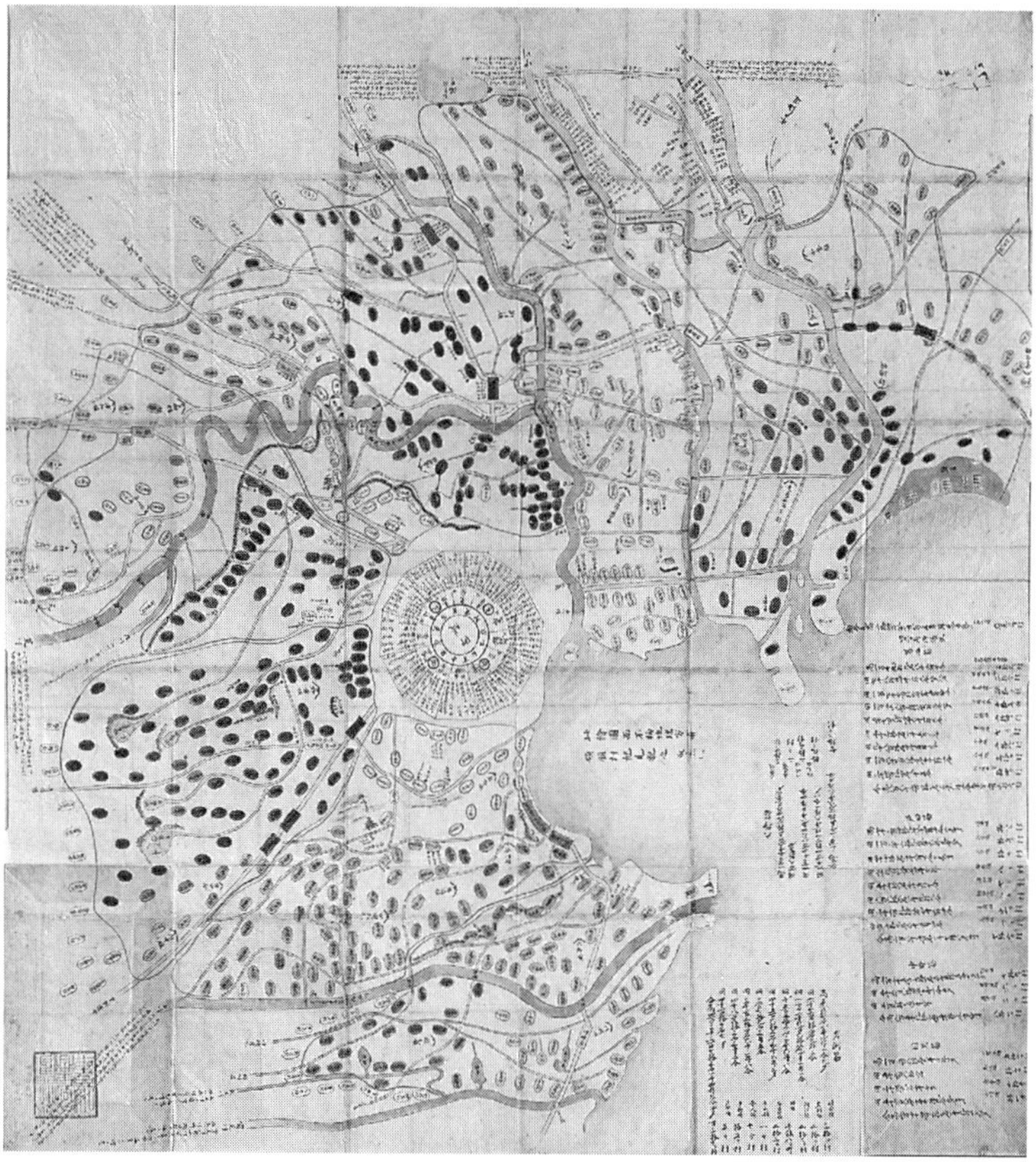

図14 「江戸近郊御場絵図」(国立公文書館蔵)
文化2年（1805）作成。御拳場の六つの筋に属する村々が筋ごとに朱線で囲まれ、その範囲が示されている。また領の範囲も色分けされている。

呼んで鳥見によって支配されることになった。享保元年十二月十五日、武蔵国埼玉郡八《はち》条領《じょうりょう》村々（現埼玉県越谷市など）に「葛西筋《かさいすじ》」担当の鳥見として、十月七日からの若林義豊のほか、江口輝勝ら三名が加わることが触れられた（『八潮市史』史料編・近世Ⅱ）。これにより、鷹場環境の保全や鶴の居つきなどに関する支配が行われた。

翌二年二月二十三日、幕府は御拳場の鳥見の場所割を改めた。葛西筋は若林義豊ら五人、岩淵《いわぶち》・戸田筋《とだすじ》は樋口輝猛ら四人、中野筋《なかのすじ》は戸口長政ら四人、品川・六郷筋《ろくごうすじ》は内山光利ら四人が担当することになった（「御場御用留」）。このように、御拳場は葛西筋、岩淵・戸田筋、中野筋、品川・六郷筋というように、六つの「筋」が四分割され、各地域を担当する鳥見を決定し、その支配にあたらせたのである。この鳥見の場所割による鷹場支配方式は、御場御用掛の若年寄大久保常春の主導によって進められたものであった。

享保三年正月には、御拳場の特定村々に鳥見が宿泊して常駐する鳥見定泊制が発足し、武蔵国足立郡高野《こうや》（谷在家《やざいけ》）村（現東京都足立区）、下総国葛飾郡大和田《おおわだ》村（現千葉県市川市）、武蔵国葛飾郡上篠崎《かみしのざき》村（現東京都江戸川区）、同国豊島郡袋《ふくろ》（江戸袋《えどぶくろ》）村（同北区）、同国同郡上豊沢《かみとよさわ》村（同渋谷区）、同国荏原郡徳持《とくもち》村（同大田区）に鳥見が配置され、毎月十日に鳥代《とりしろ》（鳥が居ついている場所）を御場御用掛の若年寄大久保常春に報告することになっていた。

同年九月になると、御拳場の特定村々に鳥見役宅（鳥見役所）を設置し、そこに鳥見（在宅鳥見）が居住することに変更され、十月から鳥見役所の普請奉行となった代官伊奈《いな》忠達《ただみち》の家臣尾崎杢之丞が中心となってその建設が進められた。

図15　江戸周辺の六筋鷹場

「御城より五里四方鷹場惣小絵図」（堀江家文書 S 15）を用いて作図。この絵図では、御府内のすべてが御拳場でなかったように示されているので、「江戸近郊御場絵図」を用いて、江戸城外濠の外側から御拳場であったことに改めている。

その結果、在宅鳥見は葛西筋の武蔵国葛飾郡亀有《かめあり》村（現東京都葛飾区）、同じく葛西筋の同国同郡上小松《かみこまつ》村（同葛飾区）、戸田筋の同国豊島郡志《し》村（同板橋区）、岩淵筋の同国豊島郡袋村、中野筋の同国多摩郡高円寺《こうえんじ》村（同杉並区）、品川筋の同国豊島郡渋《しぶ》谷《や》村（同渋谷区）、六郷筋の同国荏原郡東大森《ひがしおおもり》村（同大田区）の鳥見役所に居住することになった。この在宅鳥見と江戸在住の各筋担当の鳥見（筋掛鳥見）とが一緒になって、筋ごとの鷹場支配を行ったのである。

しかし、それからまもなく品川筋渋谷村の鳥見役所が同国荏原郡上目黒村《かみめぐろ》（現東京都目黒区）に移され、同十二年三月には岩淵筋袋村の鳥見役所が同国豊島郡上中里村《かみなかざと》（同北区）に移転した。同十年十一月には、六郷領での御成《おなり》が品川筋と誤解されるようになったため、六郷筋という呼称をやめて品川筋に変更し、従来の品川筋を目黒筋と改称することになったのである（「御場御用留」）。

なお、享保期以降、御拳場は江戸城外濠《そとぼり》の外側の地域も含まれ、江戸の町方の一部も鷹場支配が展開していたのである（「江戸近郊御場絵図」国立公文書館蔵）。享保初年の御拳場の規模は、江戸およびその周辺農村の五九四ヶ村であり、その石高《こくだか》はおよそ二四万石の地域にわたっていた（「御場御用留」）。

鷹匠と御鷹捉飼場

「御鷹野旧記」に収められた「御鷹野留《おたかのどめ》」には、享保二年（一七一七）に「御捉飼場《おとりかいば》」が定められたと記されている。幕府法令での初見は同三年十月令であり、そこには「御拳場」・「御留場」とともに「取飼場《とりかいば》」と呼ばれる鷹場が登場し、いずれの地域の池・沼流れの川でも翌年正月までの魚の殺生が禁止されていた（『御触書寛保集成』一一三五号）。

この「取飼場」という用語は、四代将軍徳川家綱《とくがわいえつな》の代から五代将軍徳川綱吉《つなよし》の代にかけて、幕府鷹師頭《たかしがしら》（鷹匠頭《たかじょうがしら》）が管轄する鷹場を「取飼場」と呼んだことに端を発し、享保期の鷹場の復活に際しても登場したものである。この鷹場は、その後「御鷹捉飼場《おたかとりかえば》」・「御捉飼場」、あるいは単に「捉飼場」と呼ばれるようになった。「取飼《とりかい》」もしくは「捉《とり》飼《かい》」という用語は、鷹師（鷹匠）がその鷹場に出かけて鷹を遣い、鳥を捕ることを意味した。つまり、「御鷹捉飼場」は鷹匠らが将軍の「御鷹」を訓練する鷹場であると同時に、その際の鷹狩りを通じて獲物を捕獲する場所でもあったのである。

その際、捕獲された鳥のうち、「御鷹捉飼場」村々の農民などによって江戸城に運ばれた鳥は「上ケ鳥《あげどり》」と呼ばれ、江戸城内の食膳に供されたほか、諸大名への下賜品ともなった。このため、鷹匠らは「御鷹捉飼場」に出かけて鷹狩りを行い、江戸城内の食料となる年間およそ五〇〇〇羽の「上ヶ鳥」を確保しなければならなかった（「ねり雲雀《ひばり》幷《ならびに》上ヶ鳥《あげどり》拵《こしらえかた》方之記《のき》」宮内庁書陵部蔵）。そのための場所が、「御鷹捉飼場」（「取飼場」）であった。

ところで、各地域の「御鷹捉飼場」村々を記した史料はいくつか確認できるのだが、その全体がわかる史料は見出せない。近世後期に作成され、鷹のことに詳しい「村越筆記《むらこしひっき》」には、「関東において両組（千駄木・雑司ヶ谷の鷹部屋）に五十三万五千石宛の地を定めて鷹場とす」とあり、広大な規模であったことが知られる。しかし、「御鷹捉飼場」の規模

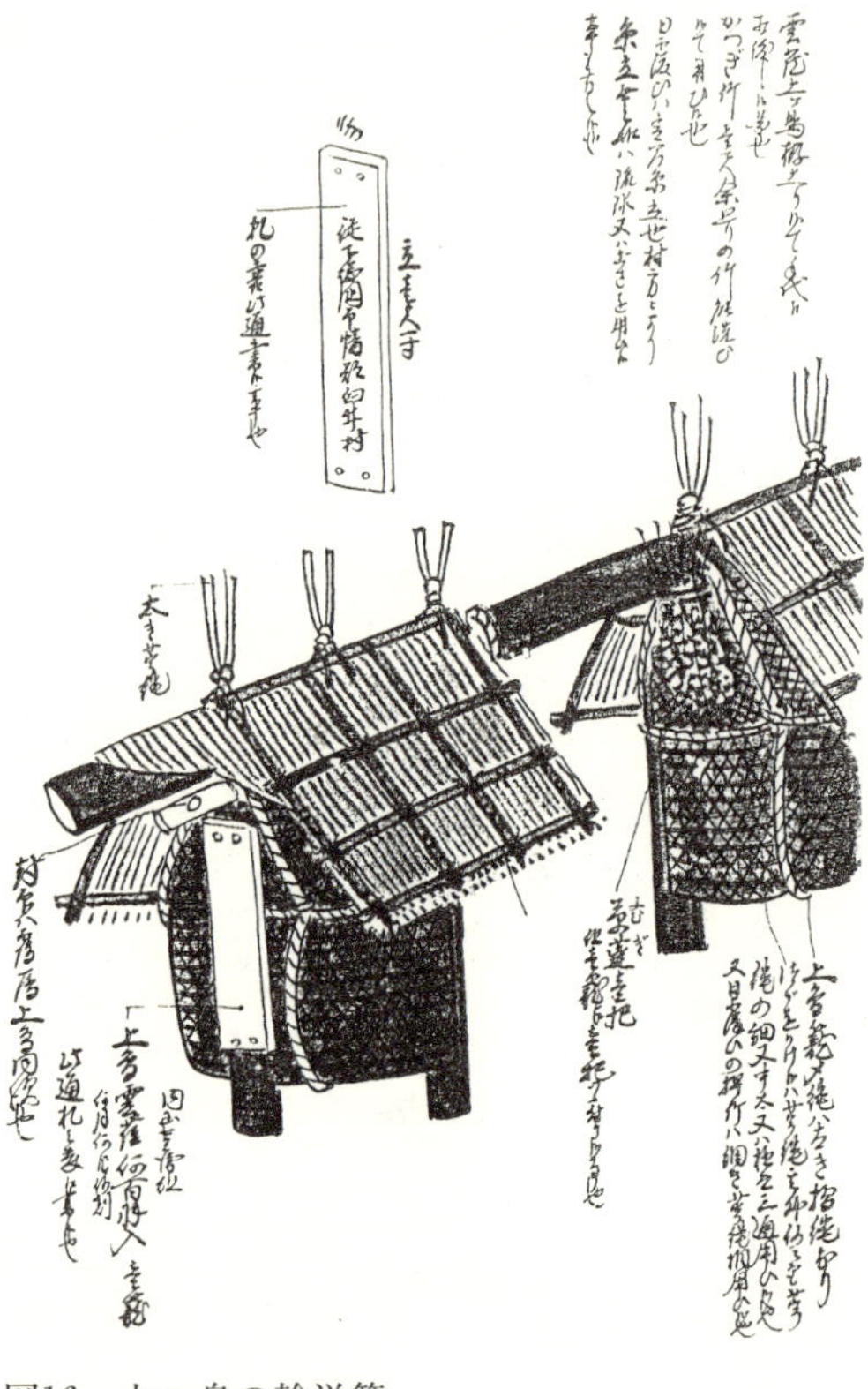

図16　上ヶ鳥の輸送籠
（「雲雀上ヶ鳥道具絵図」、宮内庁書陵部蔵）
鷹匠が御捉飼場で捕獲した獲物は「上ヶ鳥」と呼ばれ、村人によって江戸城へ輸送された。籠には数百羽が入れられた。

は時代の推移のなかで変動していたようで、近世後期になると「御鷹捉飼場」周辺の村々も「御鷹捉飼場縁《へり》村」に指定され、同様の規制下に置かれていた。

このように、「御鷹捉飼場」は鷹匠頭が管轄する鷹場であったが、その実質的な支配は「野廻《のまわ》り」が行っていた。「野廻り」は、享保三年七月まで「郷鳥見《ごうとりみ》」と呼ばれていたが、このとき改称されたものである。これは、「郷鳥見」も在地では「鳥見」と呼ばれることが多く、御拳場を支配した鳥見と混同されていたことによる措置であった。「野廻り」は在地の有力農民から選任され、苗字帯刀御免《みようじたいとうごめん》のうえ二人扶持《ににんぶち》を給された。一人につきおよそ三〇ヵ村の持場の支配を担当し、鷹場法度の遵守《じゆんしゆ》状況を巡回して取り締まり、また鷹匠の鷹狩りに奉仕した。その支配は御拳場に準じていたが、江戸から離れた地域であったため幾分緩和されていたのである。

一方、「御鷹捉飼場」村々は、鷹場法度の遵守《じゆんしゆ》を誓約した書面を毎年「野廻り」に提出した。また鷹匠が来村した際には、旅宿の提供や人馬の手配を命じられ、鷹匠が鷹狩りによって捕らえた獲物を村継《むらつぎ》で江戸まで輸送する「上ヶ鳥」御用を勤めなければならなかった。「刑銭須知《けいせんすち》」（国立国会図書館蔵）によれば、「上ヶ鳥」御用の際には籠・竹・縄・俵・塩・蓬《よもぎ》草などの物品を上納し、籠《かご》・棹《さお》・挟み竹作りや「上ヶ鳥」の輸送のために人足《にんそく》を駆り出されていたのである。

御三家と恩賜鷹場

尾張《おわり》徳川家・紀伊徳川家・水戸徳川家の御三家は、大名のなかで最高の格式を保障され、将軍家からの鷹場（「恩賜鷹場」）の下賜についても特別な扱いであった。

元和九年（一六二三）に和歌山藩主徳川頼宣《よりのぶ》は伊勢一国に恩賜鷹場を下賜されたが、御三家の恩賜鷹場が江戸周辺地域に成立したのは寛永十年（一六三三）二月十三日であった。二代将軍を辞して大御所《おおごしょ》と呼ばれていた徳川秀忠《ひでただ》が前年正月二十四日に亡くなり、御三家への恩賜鷹場の下賜は三代将軍徳川家光《いえみつ》の事実上の御代始《みよはじ》めの儀礼執行という性格を有していた。しかし、綱吉政権のもとで断行された放鷹《ほうよう》制度の廃止により、元禄六年（一六九三）十月十五日には御三家が揃って幕府に恩賜鷹場を返上した。

和歌山藩主として綱吉没後の宝永七年（一七一〇）十一月に鷹狩りを復活させた徳川吉宗は、将軍後継者として江戸城に入ると幕府の放鷹制度の復活に着手し、享保二年（一七一七）五月十一日に鷹狩りを再開させると、その四日後の五月十五日に御三家への恩賜鷹場の下賜を行った。この日の「有徳院殿（吉宗）御実紀」には「三家の方々に放鷹の地を下さる。これ古制に復せられしなり」とあり、御三家に恩賜鷹場を下賜する古制を復活させることにした。しかし、享保期には御三家以外の大名に恩賜鷹場を下賜することはなかったのである。

この結果、御三家の恩賜鷹場は、御拳場の外側に再指定され、元禄期の鷹場返上時に復したものと思われる。これらの恩賜鷹場は、尾張徳川家が武蔵国入間《いるま》・多摩・新座《にいざ》郡内（現東京都中北部、埼玉県南部）に、紀伊徳川家が武蔵国足立・埼玉郡内（現埼玉県南東部）に、水戸徳川家が武蔵国葛飾郡内（同県南東端）、下総国葛飾・相馬《そうま》郡内（現千葉県北西部）に位置づき、各藩の鷹場役人によって支配されたのである。

このうち、紀伊徳川家の恩賜鷹場（紀州鷹場と略す）の復活状況をみてみると、幕府はかつて務めていた紀州鳥見から提出された鷹場《たかば》書上《かきあげ》に基づいて紀州鷹場を確定し、同二年六月付で幕府の勘定奉行・勘定吟味役の連名で村々に紀州鷹場の再指定を触れ、七月十四日には幕府代官の都築法景が北沢氏ら六名の紀州鳥見の就任を紀州鷹場村々に通達したのである。

御三卿と御借場

この時期、新たに鷹場を下賜されたのが御三卿《ごさんきょう》であった。将軍吉宗の二男宗武《むねたけ》は田安《たやす》家を、四男宗尹《むねただ》は一橋《ひとつばし》家を興し、それぞれ江戸城内郭門内に屋敷を与えられた。はじめは賄料《まかないりょう》として三万俵を賜ったが、延享三年（一七四六）には両家ともに賄料に代えて一〇万石の封地《ほうち》を賜った。

この両家と比較して、だいぶ遅れて成立したのが清水《しみず》家である。九代将軍徳川家重《いえしげ》の二男重好《しげよし》は田安・一橋両家と同様に当初賄料として三万俵を賜り、清水門内に屋敷を与えられ、清水家を興した。そして、宝暦十二年（一七六二）には賄料に代えて一〇万石の封地を賜った。ここに、御三卿が成立したのである。

この御三卿は、封地に城郭を構えることはなかったが、御三家に準じて鷹場を与えられた。この鷹場は、御拳場内に下賜されるという特殊性を有し、御借場《おかしば》と呼ばれた。田安・

一橋両家に比べて、清水家が遅れて成立したこともあって、御借場の下賜についても違いがみられた。

元文三年（一七三八）八月、田安・一橋両家は御拳場葛西筋の下総国小金《こがね》・行徳《ぎょうとく》・栗原《くりはら》の各領（現千葉県北西部）、品川筋の六郷《ろくごう》・川崎《かわさき》・稲毛《いなげ》の各領（現東京都大田区・神奈川県川崎市）、中野筋の野方《のがた》・府中《ふちゅう》・世田谷《せたがや》の各領（現東京都杉並区・三鷹市など）に属するおよそ一九〇ヵ村、その石高《こくだか》約六万五〇〇〇石余が御借場に指定された。一方、清水家は宝暦十三年八月に葛西筋の八条・岩淵領（現埼玉県越谷市・東京都北区など）、目黒筋の世田谷領（現東京都世田谷区など）に属するおよそ一〇〇ヵ村、その石高約三万石が御借場に指定された。田安・一橋両家の御借場が共同指定であったのに対して、清水家の御借場は単独指定であったが、一家当たりの御借場の規模はおよそ一〇〇ヵ村、石高は約三万石が目安であったようである。

このように、田安・一橋両家の御借場は共同で利用することになっていたが、現実にはいくつかの利用形態がみられた。下総国葛飾郡小金領内での鷹場利用は寛政期に一橋家から田安家へと移っていた（千葉県船橋市・安川家文書）が、御借場が御拳場内に与えられたことから徳川宗家《そうけ》（将軍家）・田安・一橋の三家が利用することもあったわけで、品川筋では三家の鷹狩りを前提に「御本丸御場所」、「田安様御借場海手之方」、「一ツ橋様御借場山手之方」というように場所割が行われていた（『大田区史』平川家文書一）。

将軍権威の象徴

将軍の鷹野御成

将軍徳川吉宗《とくがわよしむね》は、「鷹将軍」の異名をもっている。これは、単に鷹狩りを好んだというだけでなく、放鷹《ほうよう》制度の再興に並々ならぬ情熱を傾けたことも含まれているのであろう。

吉宗の鷹狩りの知識は和歌山藩主時代から培われたもので、実に豊富で深かった。鷹狩りの復活にあたっても細部にわたって指示を出し、従来、鷹を放って鳥を捕ることを「羽合《あわせ》」と言っていたが、吉宗から「合《あわ》する」と言うようにとの命令があり、それ以来将軍が鷹を放って鳥を捕ることを「御合《おあわ》せ」と言うようになった（「有徳院殿御実紀附録」）。吉宗は、こうした用語についても伝統を重んじるだけでなく、大胆に改めたのである。

江戸時代の鷹のことに詳しい「村越筆記《むらこしひっき》」には、将軍の鷹狩りで捕獲される獲物の種類に応じて、御成の名称が呼び分けられていたことが記されている。雉《きじ》の御成《おなり》は四月中旬に千住《せんじゅ》（現東京都足立区）・三河島《みかわしま》（同荒川区）あたりで、鶉《うずら》の御成は駒場御成《こまばおなり》とも呼ばれたように十月に駒場（同目黒区）で、雁《がん》・鴨《かも》の御成は十月に浜御殿《はまごてん》（同中央区）・隅田川あたりで、鶴《つる》の御成は十二月以後に三河島・小松川《こまつがわ》（同江戸川区）・品川などで行われ、鷹狩りのなかでも第一の厳儀であった。

鶴の御成は、正午過ぎに開始するのを恒例とし、午後二時になっても鶴を捕獲できない場合には将軍も食事を摂らずに鷹狩りを続けるというように、この狩りを重要視していた。鶴を捕獲した鷹匠には金五両、将軍の鷹を助けて据え上げた鷹匠には金三両の褒美を与えた。捕獲した鶴は、将軍の面前で鷹匠が刀を取り出して左脇腹を割き、胆を出して鷹に与え、傷跡は縫合して将軍の封印をつけ、すぐに朝廷へ献上することになっていた。なお、鶴の腹を割く時には三度の唱え事をする決まりであった。

この狩りでは、千駄木・雑司ヶ谷の鷹部屋から鷹三連《もと》ずつを出し、鷹を使う担当は両鷹部屋が一年交替で行った。なお、仙洞《せんとう》（上皇）の在世中は鷹四連ずつを出すことになっていたが、これは朝廷への献上鶴が二羽の慣わしであったからである。このように、鶴の御成は朝廷への献上を伴うことがあったので、鷹狩りのなかでも厳格な儀礼・作法が存在していたのである。

将軍の鷹狩りは行列を成して出かけたが、当初から明確な決まりがあったわけではなかった。しかし、しだいに警備が強化されるようになると、その行列にも一定の形式が整えられていった。

鷹野行列とお供

鷹狩りの規模は、その目的や地先によって違いがあり、このため従者の数は不同であり、行列の編成も異なった。享保期になると、鷹狩りへの供奉《ぐぶ》や行列編成に関する規定がつくられるようになったが、十数人の時もあれば、追鳥狩《おいとりが》り（山野で雉などを勢子《せこ》に追い立てさせ、弓や銃を使ってする狩り）のように三〇〇〇人に達することもあった。

通常、鷹野御成に際しては、江戸城から船のある船着場までは輿《こし》や馬に乗って行き、到着すると船に乗って鷹狩りの場所近くで陸に上がり、ここから狩りの従者は列を成して従う慣例であった。たとえば、亀戸《かめいど》（現東京都江東区・墨田区）・隅田川やその先の小松川方面（同江戸川区）への御成の際には将軍吉宗は両国《りょうごく》（同中央区・墨田区）までは馬で行き、そこから麒麟丸《きりんまる》や永寿丸に乗って鷹狩りの場所近くまで赴くことが多かった。船を使った御成では、船の上部に台座を設けた御座船がよく利用された。

また鶴の御成の行列は、「村越筆記」によれば、浅草観音までは供奉の者全員で行き、そこから軽輩の従者を除き、小姓《こしょう》・小納戸《こなんど》・若年寄・御場掛《おんばがかり》のみで従うことになっていた。また船を使う場合は、江戸城の龍《たつ》の口《くち》で従者を除いて船に乗り、千住大橋《せんじゅおおはし》で上陸し、

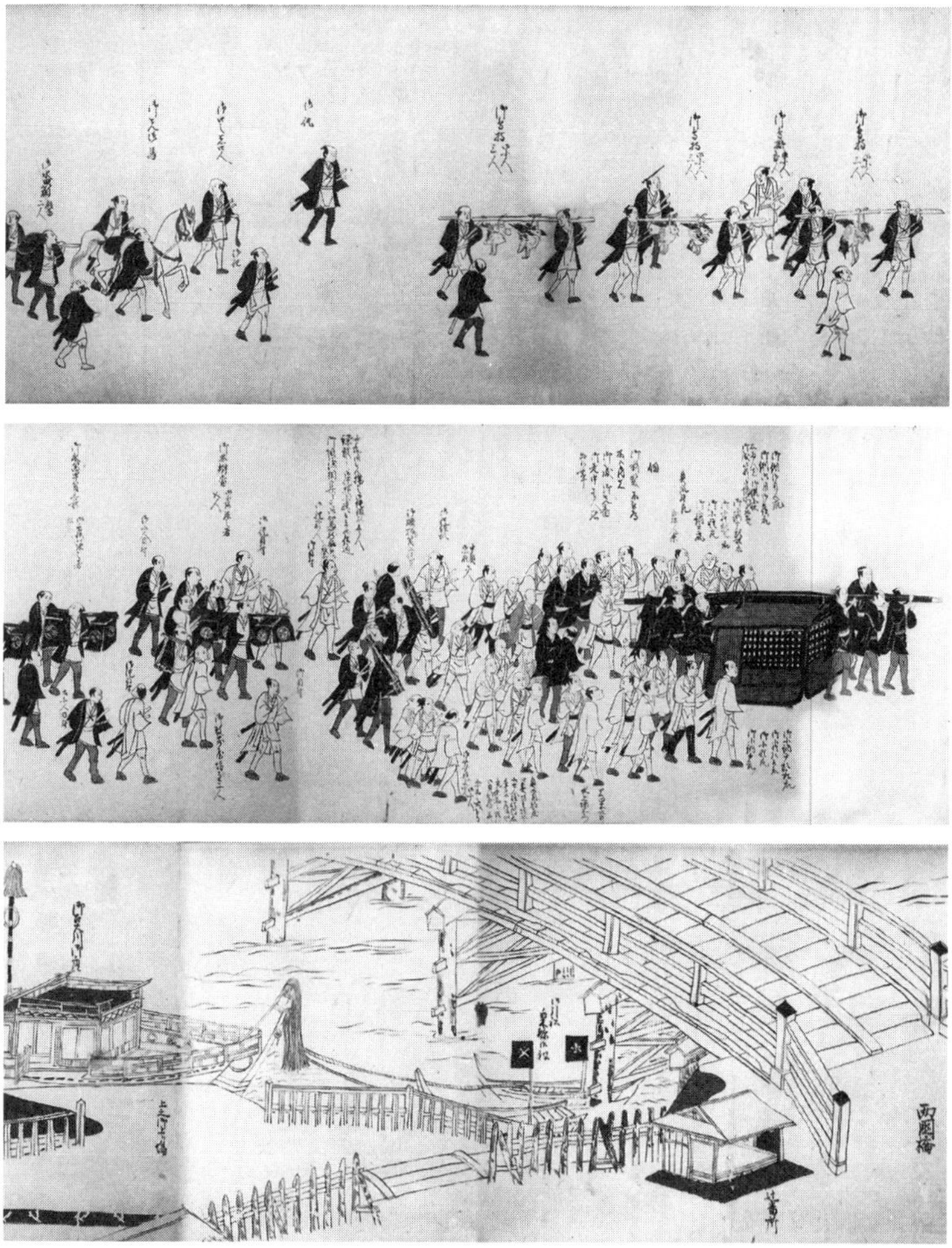

図17　鷹野御成行列（部分、龍ヶ崎市歴史民俗資料館蔵）

全体の長さ約13メートルの絵巻物で、享保２年、将軍吉宗により復活された第１回目の鷹狩りの帰路の行列が描かれている。千人以上の規模の行列であり、上段は行列の冒頭部分で、先頭には獲物の鶴が見える。中段は将軍の駕籠の周辺部分を描いたものであり、下段は鷹狩りを終えた吉宗が乗船してきた船と上陸地である両国橋も描かれている。

帰路は橋場から乗船することになっていた。そして、午餐《ごさん》の際には菰樽《こもだる》二挺の鏡酒を開いて、鶴の血を絞りいれた鶴血酒が従者に振る舞われた。将軍は藤色の陣羽織《じんばおり》を着て、従者は色とりどりの袢取羽織《ばんどりはおり》・野半纏《はんてん》に股引《ももひき》、草鞋《わらじ》を着用した。ただし、旗本より上の階層は打紐《うちひも》を用い、そのほかは陣羽織の紐であった。なお、鷹匠は夏には一文字の菅笠《すげがさ》、冬には浅黄《あさぎ》の頭巾《ずきん》をかぶり、将軍の御前でもそれを脱ぐことはなかった。

　享保三年（一七一八）正月二十七日の小松川筋への鷹野御成に際して、その前日に御先（先導）は徒《かち》一〇人、徒頭《かちがしら》一人、小十人頭《こじゅうにんがしら》一人が務め、次の一段目との間に三、四〇間（約五五～七三メートル）の距離を置いて刀持《かたなもち》二人、小納戸《こなんど》松下當恒《まさつね》、御側《おそば》渋谷良信《しぶやよしのぶ》、鷹匠頭一人が並び、少し間隔をあけて二段目に若年寄、御側、小姓《こしょう》、小納戸、目付、徒頭、小十人頭、代官伊奈忠逵《いなただみち》、鷹匠頭、すべての御鷹、鷹匠、鷹匠同心、藪田助八、荷物持、それから三、四町（約三三〇～四四〇メートル）ほど離れて三段目に茶弁当持、水荷物持、丸弁当持、挟箱持《はさみばこもち》、さらに直鑓《じきやり》一筋、手筒《てづつ》一挺、騎馬持、鳥持、小十人、御徒、鷹匠、奥坊主、御部屋坊主、土圭之間《とけいのま》（時計之間）坊主、数寄屋《すきや》坊主などの順番で行列を編成することが決定した（「教令類纂」二集二）。この時の鷹野御成は、先導のほか三段で構成されていたが、先導がいる時はそれぞれの段を切り離さず、先導が退いてから段を切り離すようにと組織行動が求められていた。

幕府財政の再建が進められるなかで、将軍の鷹狩りのさまざまな面で経費節減のための簡素化が進められたが、鷹野行列については視覚によって将軍権威を演出するための工夫が施されていたのである。

御成時の休憩施設

将軍が鷹狩りに出かけた際の施設といえば、徳川家康《いえやす》から徳川家光《いえみつ》の時代に築かれた御殿《ごてん》や御茶屋がよく知られる。しかし、将軍の鷹狩りが宿泊を伴わないものへと変化した寛永中期以降、それらはその存在意義を失い、多くが元禄期までに取り壊された。

これに代わって、享保期の鷹狩りの復活に際しては、さまざまな将軍の施設が設けられた。まず享保二年（一七一七）五月十一日、将軍徳川吉宗《よしむね》によるはじめての鷹狩りが亀《かめ》戸《いど》・隅田川周辺で挙行されたが、亀戸の天神橋際《てんじんばしぎわ》東側には上陸のための新規の箱段が築かれ、それを「御上り場《おあがりば》」といった。将軍の鷹狩りで船を利用する場合には、そのたびごとに「御上り場」が設けられた。また隅田《すみだ》村（現東京都墨田区・葛飾区）の木母寺《もくぼじ》前には船に乗るための場所として「御召場《おめしば》」が築かれ、木母寺は休息・食事のための「御膳所《ごぜんしょ》」に指定された。

「御膳所」は有名寺社が指定されることが多く、木母寺のほか、品川の東海寺《とうかいじ》、下目黒村（現東京都目黒区）の祐天寺《ゆうてんじ》、亀戸村の天神別当《てんじんべっとう》、鈴ケ森《すずがもり》（同大田区）の八幡社地《はちまんしゃち》などが

図18　将軍御上り場　近景

将軍家唯一の別邸・浜御殿（現浜離宮恩賜庭園）には、海からの上陸のために設けられた御上り場の階段が残されている。

図19　将軍御上り場　遠景

浜離宮恩賜庭園の将軍御上り場を、海側から望む。吉宗の時代、この御上り場には門があり、銅《あかがね》御門と呼ばれた。

指定されていた。それ以外では、小菅《こすげ》村（同葛飾区）の代官伊奈半左衛門屋敷、駒場《こまば》（同目黒区）や上中里《かみなかざと》村（同北区）の御用屋敷、中川御番所《なかがわごばんしょ》（同江東区）、雑司ヶ谷《ぞうしがや》村（同豊島区・文京区）の御鷹部屋が指定されることもあった。

なお、食事を伴わない休憩所には「御小休《おこやすみ》」「御中休《おなかやすみ》」「御立寄《おたちより》」と呼ばれるものも指定され、これも有名寺社が指定されることが圧倒的に多く、名所や名主《なぬし》・百姓屋敷などの場合もあった。このほか、将軍の休息のための「御腰掛《おこしかけ》」や高所から見渡すための「御立《おたて》場《ば》」も築かれた。

鷹野御成に先立って、「御膳所」などの事前見分を行って寺院の修復などについて許可を与え、また「御上り場」や「御召場」の新設などについて指示を与えていたのは、将軍側近の御場掛《おんばがかり》で、その多くは小納戸頭取《とうどり》から選任された。吉宗時代の御場掛は、いずれも和歌山藩士の出身で、藩主吉宗の側近として仕え、その将軍就任に伴って幕臣となり、ほとんどが小納戸を務めていた。この御場掛の指示のもとで、「御上り場」や「御召場」などの設置や管理を担当していたのが代官の伊奈氏であった。

将軍吉宗の鷹狩りの復活に伴って、設置・指定された「御膳所」「御小休」「御中休」「御立寄」「御腰掛」「御立場」「御上り場」「御召場」などは、御場御用掛《おんばごようがかり》や御場掛の選定・設営戦略によって「御」の文字が付けられ、そのことによって将軍の威厳を示し、その権威性を示すものとなっていた（拙著『江戸幕府放鷹制度の研究』）。それらの施設に指定された寺社なども、将軍の権威を利用してその由緒を固め、それを根拠に格上げや下賜金を願い出るところもあったのである。

「御鷹之鳥」の贈答

「御鷹之鳥」とは、原則的には天皇・将軍（大御所を含む）・大名らが鷹狩りによって捕獲した鳥のうち、贈答の対象となった鳥の総称であり、特に鷹狩りで捕獲した雉《きじ》のことを指す場合もあった。

実際には、鷹狩りで捕獲した鶴を贈るのであれば「御鷹之鶴」、白鳥であれば「御鷹之白鳥」というように、「御鷹之」を冠して鳥の種類を付けて呼んだ。江戸時代には、「御鷹之鳥」の贈答儀礼が定着し、家格によって贈られる鳥の種類が異なった。こうした「御鷹之鳥」のなかでは、「御鷹之鶴」がもっとも重んじられ、また将軍自ら捕獲して贈られる鳥が鶴であれば「御拳《おこぶし》之鶴」と呼ばれ、最上位の贈答品となったのである。

具体的には、天皇が鷹狩りで捕らえて公家に贈った鳥、あるいは将軍の鷹狩り時（鷹匠をも含む）に捕獲して天皇や大名らに贈った鳥を「御鷹之鳥」と呼んだ。将軍家では天皇家への献上についても「御鷹之鳥」と呼び、これを受領した天皇家では「鷹之鳥」と称していた。また、大名が鷹狩りで捕らえて将軍に献上した鳥も普通には「鷹之鳥」と呼ばれたが、この「鷹之鳥」が他者への贈答に利用されることはなかった。なお、将軍家は天皇家に「御鷹之鳥」を献上したが、天皇家から将軍家に贈ることはなく、「御鷹之鳥」の贈答儀礼のうえでは、天皇が頂点にいたということになる。

狩猟によって捕獲した鳥の贈答は、鷹狩りによる「御鷹之鳥」だけでなく、その年はじめての狩猟によって捕獲した鳥である初鳥《はつとり》もあり、鳥の種類によって「初鶴」、「初菱喰《はつひしくい》」などと呼ばれた。なお、鉄砲を用いて捕獲した獲物は「御鉄砲之鶴」「御鉄砲之白鳥」などと記され、狩猟で捕獲した獲物のなかでは「御鷹之鶴」「御鷹之白鳥」の下位に位置づけられていた。

享保三年十一月二十二日、将軍吉宗は中御門《なかみかど》天皇や霊元《れいげん》法皇に「御拳之鶴」を献上し、その古制を復活させた。この前日に、吉宗は葛西周辺で鷹狩りを挙行し、多くの獲物を捕獲していた。また、吉宗は前年五月に将軍の鷹狩りを復活させ、天皇家への「御拳之鶴」の献上は将軍の鷹狩権の発動と密接にかかわっていたのである。

寛保三年（一七四三）に幕臣菊池弥門が著した「柳営秘鑑《りゆうえいひかん》」には、冬になると将軍家では天皇家に「御鷹之鶴」を宿継《しゆくつぎ》により献上することを恒例化していた、と記されている。この書物によれば、大名への鳥の下賜は「巣鷹《すだか》」「御鷹之鶴」「御鷹之雁《がん》」「御鷹之雲雀《ひばり》」の四種であり、その下賜対象は近世前期と比べてきわめて縮小していたことがわかる。これは、この時期の幕府の財政再建策に合わせた贈答儀礼に改めていたということである。

「御鷹之鳥」の振舞い

「御鷹之鳥」をめぐる幕府儀礼には、贈答儀礼だけでなく、饗応儀礼もあった。これは、幕府に特有なものではなく、将軍家から「御鷹之鶴」を献上された天皇家では、毎年正月に「鶴庖丁《つるのほうちょう》」の儀式を通じて調理し、それを吸い物にして公家らに振舞っていた。「鶴庖丁」の儀式は、天皇の公家への振舞いの一端を保障するものとなっていた。同様に大名家でも家臣を招き、将軍から下賜された「御鷹之鶴」を調理し振舞ってその御恩を共有し、自家の権威化を図っていたのである。

享保二年十一月二十三日、将軍吉宗は大名の一部を江戸城に招いて御代始《みよはじ》めの「御拳之鶴」の料理を振舞った。この時招かれた会津藩主松平《まつだいら》（保科）正容《まさかた》の嫡子正甫《まさもと》は、服紗《ふくさ》小袖《こそで》を着用して登城し、老中の戸田忠真《とだただざね》に礼を述べて料理を頂戴したという（『会津藩家世実紀』第六巻）。翌三年三月四日にも、江戸城の黒木書院で将軍に拝謁したのち、「御拳之鶴」の振舞いが詰衆《つめしゅう》（雁之間詰《かりのまづめ》の譜代大名）、老中の嫡子、奏者番《そうじゃばん》を対象に西湖之間《さいこのま》で行われていた（『徳川実紀』第八篇）。

「有徳院殿（吉宗）御実紀」の享保三年十二月二十三日条には、将軍吉宗が台所頭《だいどころがしら》の小林祐良によるはじめての「鶴庖丁《つるのほうちょう》」の儀式を黒木書院で観覧したことが記録されている。台所頭の小林氏はこの儀式に熨斗目《のしめ》の小袖《こそで》と麻の裃《かみしも》を着用して臨んでいた。この時、尾張・水戸徳川家、高家《こうけ》、雁之間詰の譜代大名、芙蓉之間詰《ふようのまづめ》の役人、遠国《おんごく》奉行・小普請《こぶしん》奉行・目付《めつけ》などにいたるまで、その儀式を拝観することが許され、そのあと羹《あつもの》を振舞われた。

「鶴庖丁」の儀式は、「御鷹之鶴」の振舞い儀礼と一体化し、幕府からすれば天皇家で行われていたその儀式を摂取して貴種化を図るとともに将軍の権威を高め、大名などからすれば御目見《おめみえ》・振舞いの場の席次から自らの家格を再認識し、その招待により将軍への拝謁を通じて主従関係を再確認することにもなった。

また、「御拳之鶴《おこぶしのつる》」の「鶴庖丁」とその振舞いとは、将軍の殺生を大名らも共同飲食という形で共有することになり、その穢れを最小化するとともに士気を高めるという役割をももっていた。鷹狩りの際の供奉《ぐぶ》の者たちへの「鶴血酒《つるちざけ》」の振舞いも、健康増進とともにそうした意味合いをもつものであったと理解される。

武家の有職故実に詳しい「柳営秘鑑」には、享保三年十二月の「御拳之雁」の振舞いに招待された大名らが記録されている。これによれば、江戸城内の「御鷹之鳥」の饗応儀礼では、各大名の家格によって拝謁の場と振舞いの場とに違いがみられたのである。

鷹場環境の保全

鷹場の支配

鷹場環境の保全は、将軍の鷹狩りを円滑に遂行するために不可欠なものであり、これには大別して鷹狩りにやってきた将軍の生命を守るためのものと、鷹狩りで獲物を確実に捕獲できるようにするためのものとがあった。この二つの目的を万全なものとすることが、鷹場役人の役目であった。

浪人の取締り

まず鷹場環境の保全のなかでも、将軍の生命を守るための施策についてみていきたい。吉宗《よしむね》政権は鷹狩りの復活のなかで、江戸の町およびその周辺農村に居住する浪人《ろうにん》の把握・統制に積極的に取り組んだ。これは、享保以前にも行われていたものであったが、吉宗政権もこれを踏襲し、御拳場《おこぶしば》（将軍が鷹狩りを行う鷹場）という地域を対象に浪人統制を進めていった。その理由は、浪人という危険要素を有する人々を幕府の管理下に置くためであった。

享保二年（一七一七）七月、幕府は幕領・大名領・旗本領・寺社領を問わず、「江戸五里四方」（約二〇キロ四方）の御拳場に居住する浪人の吟味を命じる触書をそれぞれの領主から触れさせることにした。その吟味内容は、以前から居住している浪人については①その地の出身であるから居住させているのかどうか、②どこに仕官していたのか、③何年前からその地に居住しているのかであった。そうした浪人については、人別《にんべつ》を証明する証文を取り、御拳場町村に吟味させることにした。またこれ以後、浪人を町村に居住させる場合には同様に吟味し、「御鷹御用懸《おたかごようがかり》」の目付《めつけ》に届け出させることにした（『御触書寛保集成』一一二九号）。

翌三年六月にも、幕府は同様の触書を出して吟味を命じ、届出先の目付の名前を仙波道種・稲葉正房と明示していた（『御触書寛保集成』一一三一号）。この内容は、同年七月、江戸の町にも町触《まちぶれ》として触れられ、御拳場やその近所での浪人の居住状況を町年寄の奈良屋役所に提出するように命じていた（『江戸町触集成』五四五九号）。同月、武蔵国埼玉郡八《はち》条《じょう》村（現埼玉県八潮市・草加市）の最勝院末寺清蔵院《さいしょういんまつじせいぞういん》は、寺院境内に浪人や「当分医師」などが居住していないことを寺社奉行所に届け出ていた（『八潮市史』資料編近世Ⅰ）。

享保十六年十一月、武蔵国埼玉郡上馬場《かみばんば》村（現埼玉県八潮市）の村役人は、御拳場を対

象とした住居浪人の吟味を命じられ、村内に浪人・郷侍《ごうざむらい》・当分医師がいないこと、また今後引っ越してきた浪人がいた場合には届け出ることを誓約した証文を代官所に提出していた。この時の吟味では、浪人で帯刀《たいとう》をやめ、田地を求めている者や地借《じがり》・店借《たながり》の者がいるかどうかの書上《かきあげ》も命じられ、該当者は一切いないと返答していた（『八潮市史』資料編近世Ⅰ）。幕府は、御拳場に居住する浪人などの身元を把握し、目付の管理下に置き、身元不明の浪人などをその町村にできるだけ居住させない方針で臨んでいたのである。

鉄砲の取締り　江戸時代、鉄砲は武器であるとともに、農具でもあった。豊臣秀吉《とよとみひでよし》の刀狩令《かたながりれい》以後も、山間部の猟師や百姓らが鉄砲を所持する例は少なくなく、江戸幕府もこれを容認していた。

吉宗政権は、享保二年（一七一七）五月、全国を「関八州」「関八州之外国々《のほかくにぐに》」「江戸より十里四方」に区分して、それぞれの地域における鉄砲改《てっぽうあらた》めについての触書を出した。このなかで、「関八州之外国々」はそれまで行っていた鉄砲改役《てっぽうあらためやく》への鉄砲所持にかかわる証文提出の必要もなくなり、「関八州」では鉄砲の使用に際して鉄砲改役に相談のうえ指図を受けることになり、「江戸より十里四方」では猟師鉄砲を含めて一切の鉄砲を取り上げ、その使用を全面的に禁止し、獣害の時だけ鉄砲改役の指図を受けることになった（『御触書寛保集成』二五三二号）。このように、江戸からの距離によって三区分し、近距離ほど鉄砲の取締りがきびしいことを明確に打ち出したのである。

翌三年には前年の鉄砲令を補強するとともに、江戸周辺の鉄砲改めについて注目すべき変化がみられた。その一つは、鉄砲改役が「武鑑《ぶかん》」で大目付兼帯《おおめつけけんたい》の「江戸十里四方鉄砲改役」と記載されるようになり、その管轄範囲が「江戸十里四方」に限定されたかのような印象を与えることになったことである。もう一つは、同年七月二十五日の幕府法令で、「江戸中 幷《ならびに》 十里四方」内の武家屋敷居住浪人の所持鉄砲は屋敷主の責任で取り上げの徹底を図り、「江戸十里四方鉄砲改役」への届出を義務づけた（『徳川禁令考』前集第三）。これは、元禄期以来の江戸の町の鉄砲改めを「江戸十里四方」まで拡大し、この時期の浪人や鉄砲の取締りを強化することになったものである。

この方針は、享保十四年二月の幕府法令でいっそう具体化され、その地域編成が「関八州」「御拳場《おこぶしば》 幷《ならびに》 江戸十里四方」「捉飼場《とりかいば》」の三区分で示された（『御触書寛保集成』二五四五号）。「関八州」では従来、獣害駆除の鉄砲使用についてはその打ち始めと打ち終わりに鉄砲改役に届け出ることになっていたが、以後は四季ともその使用が認められ、年一度鉄砲証文を鉄砲改役に提出すればよいことになった。また「捉飼場」では、八月一日から翌年三月晦日までの鷹狩り期間中は鉄砲の使用が禁じられたものの、支障のない地域はその支配を担当した鷹匠頭の許可さえあれば鉄砲が使用できた。「関八州」「捉飼場」とも、鉄砲使用の規制が大きく緩和されたのである。

これに対して、「御拳場幷江戸十里四方」では依然として一切の鉄砲使用が禁じられ、獣害発生時には幕府から鉄砲隊が派遣されることになり、その鉄砲使用は一切の例外を認めることがなかったのである。ここで、御拳場と「江戸十里四方」とは異なる領域として区別され、「江戸十里四方」は日本橋から東西南北半径五里（約二〇キロ四方）ずつの範囲と規定され、江戸湾の海上を含むものであったのである。

鷹場法度の内容

鷹場環境の保全を考える際、鷹場村々に触れられた鷹場法度を検討しないわけにはいかない。しかし、鷹場法度の名称を入れて、「御鷹場御法度手形之事」、あるいは「御鷹場御法度証文之事」という表題の請書《うけしょ》を提出させていたのは御拳場だけであった。御拳場の村々は毎年八月、一ヵ村単位でその請書を筋《すじ》担当の鳥見《とりみ》に提出することになっていた。

一方、捉飼場の村々では、地域によっても異なるが、毎年八月から九月にかけて、一ヵ村単位で「御証文」、あるいは「六ヶ条請印帳《うけいんちょう》」と呼ばれる誓約書を野廻り役に提出した。「御証文」は二通で構成され、一つは「一札《いっさつ》之事《のこと》」、もう一つは「覚《おぼえ》」と題され、「六ヶ条請印帳」は実際には「定《さだめ》」と題されていた。また、紀州鷹場の村々では一ヵ村単位で「御場証文」を紀州鳥見に提出し、近世前期には毎年九月に「差上申《さしあげもうす》手《て》形《がた》之事《のこと》」、近世中期以降は毎年十月に「差上申一札之事」という表題の請書を提出していた。

享保期以降、御拳場村々が鳥見に提出した「御鷹場御法度手形」は七ヵ条から成文化され、定型化した内容であった。享保元年（一七一六）十月、下総国葛飾郡小金領《こがねりょう》久寺家《くじけ》村（現千葉県我孫子市）が提出したものは、第一条と第六条が将軍の生命を守るためのものであり、残りの五ヵ条は捕鳥の禁止と鳥の生息環境を守るためのものであった。第三条にみられる鷹番《たかばん》は、村落が鷹場の監視をするために拠出を命じられた番人のことであったが、村々の負担が大きいというので、享保七年七月に廃止された。

また第七条で新規の寺院・神社や野田での屋敷の建築を禁じていたのは、鳥の居《い》つきに影響を与えると考えられていたからである（『柏市史』資料編五）。なお、家屋・物置・便所などの修復は鳥見の指示を仰ぐことになっていた。この際、当初は支配領主と鳥見の双方への届出とその許可が必要であったが、文政期以来、六坪以下の家作修復については鳥見への届出とその許可だけで済むようになった。

そして、江戸湾沿いの御拳場村々では、「御鷹場御法度手形之事」、あるいは「御鷹場御法度証文之事」のほかに、合わせて「差上申海辺手形之事」と題する請書を提出していた。この請書は「御鷹場海辺証文」とも呼ばれた。これは、海辺での鳥殺生人、殺生道具を積載している船、怪しい船を取り締まるためのものであり、これも鳥見への報告義務を有していた。鳥見は、漁村周辺の海辺まで支配の対象としていたのである。

なお、御拳場村々では「御鷹場御法度手形之事」のほかに、「別紙証文」、その他の請書を提出し、鷹場環境保全のための細かな規制を受けていた。その規制は、川殺生の禁止、祭礼・芝居・開帳《かいちょう》など祭事・興行の届出、案山子《かかし》立ての届出・許可、病鳥・落鳥《らくちょう》発見時の届出、飼犬・田船《たぶね》の届出、竹木の伐採・植栽の届出・許可、高声《たかごえ》（大声）・高唄の禁止、無宿《むしゅく》（宗門人別改帳《しゅうもんにんべつあらためちょう》から名前を外された者）の改め、鷹場御用にかかわって作られた伝板・萱屛風《かやびょうぶ》・潮留《しおどめ》（海水浸食の防護柵）などの保護、新規百姓商売の禁止など多岐にわたっていたのである。

烏・鳶・鵜の巣の取り払い

吉宗政権は、綱吉政権下と同じように、烏《からす》・鳶《とび》・鵜《う》の巣の取り払いを行っていた。ここでは、その対象地域が御拳場を中心としており、その主な理由は諸鳥の居つきに支障をきたすというものであった。

享保四年（一七一九）三月、江戸の町やその周辺農村に鳶・烏・鵜の巣の取り払いが代官より命じられ、同年五月一日には大名の下屋敷にも同様の内容が触れられた（「御場御用留」）。この内容が実際に命じられていたことは、同年三月十日、武蔵国埼玉郡八条領村々でも確認でき、その請書を提出していた（『八潮市史』史料編近世Ⅱ）。このように、吉宗政権は本格的に鳶・烏・鵜の巣の取り払いに取り組むことになったのである。

享保五年四月の幕府法令によれば、江戸周辺の武士屋敷内に鳶・烏・鵜の巣があった場合は取り払うように命じた。そして、これらの鳥は四月から八月まで取り払っても構わないとしていた（『御触書寛保集成』一一三六号）。御拳場であった江戸周辺農村にも大名・旗本の抱屋敷《かかえやしき》などが存在したが、幕府は農村内の武士屋敷という異質空間でも鳶・烏・鵜の巣の取り払いに力を入れることになったのである。

この月、御拳場村々に触れられた法令によれば、鵜・鳶・烏の巣の取り払いを命じるとともに、その外側二、三里（約八〜一二キロ）の間も同様の措置を講じるように申し渡した。そして、四月二十六日、六郷領《ろくごうりょう》村々には昨年同様、鉄砲方《てっぽうかた》が巡回し、鳶・烏・鵜を鉄砲で打つことが告知された。しかし、五月二十一日には代官伊奈氏の支配人から寺社ではそれらの巣を取り払わないだろうとの推測から、今後は村々の名主や百姓が見つけしだい取り払うように申し渡した。また八月一日には、四月一日から七月二十九日まで黒沢杢之助組の鉄砲方役人が精進日《しょうじんび》を除いて巡回し、鳶・烏の殺生を行ったことが鳥見から村々に通達され、七月をもって鉄砲を打ち終えたことが告知された。なお、この精進日は家康《いえやす》の父広忠《ひろただ》の月命日の八日、五代将軍綱吉《つなよし》の十日、六代家宣《いえのぶ》の十四日、初代家康の十七日、三代家光《いえみつ》の二十日、二代秀忠《ひでただ》の二十四日、七代家継《いえつぐ》の晦日の一ヵ月に八日間であり、いずれも歴代将軍らの月命日であったが、この日の発砲は禁じられていた（『大田区史』資料編・

平川家文書1)。このように、歴代将軍らの精進日には綱吉政権下では鳶・烏の巣払いが禁じられ、吉宗政権下では鉄砲による殺生が禁止されていたのである。

こうした鉄砲方役人による鳥などの鉄砲打ちは、武蔵国荏原郡六郷領村々では毎年の恒例行事となっていた。そのために、村々では鉄砲方役人の案内人足《にんそく》を駆り出された。しかし、それのみならず、享保七年六月三日の鳥見から村々への通達では、鷹場内においては綱差《つなさし》の源太郎と喜兵衛が黐《もち》（鳥などを捕まえるのに使う粘着性の物質）や網《あみ》を使って鳥を捕るので心得るように、とのことであった。鷹狩りの獲物となるさまざまな鳥を飼育するのが役目であった綱差に、鳥を捕獲することが命じられたのである。このことから、鷹場の鳥の居つきのために、いかに鳥が邪魔な存在であったかがうかがい知れよう。

綱差と飼付御用

獲物飼育の必要性

鷹狩りの醍醐味は、人が馴養した鷹を使って自然に生息する獲物を捕まえることである。このため、鷹狩りには鷹に熟知した鷹匠《たかじょう》、獲物を捕獲できる良質な鷹、そして数多くの獲物が生息する自然環境という三つの条件が整っていることが必須であった。いずれの条件が欠けていても、鷹狩りで獲物を捕らえることは困難であり、何よりも鷹狩りでは鷹匠と鷹が一体となることが重要であった。

ところが、前述したように将軍の鷹場は江戸の町およびその周辺に存在し、吉宗《よしむね》が将軍に就任したころの鷹場には獲物が少なくなっていたようである。享保六年（一七二一）二月の自序がある田中休愚《たなかきゅうぐ》の「民間省要《みんかんせいよう》」によると、江戸の町の都市化とその周辺の耕地化とによって空地が減少し、自然の空間が大きく後退したことを伝え、また元禄六年（一六九三）の鷹狩り中止以後、鳥獣の食害から作物を守るため鉄砲の使用が緩和されたことで、その発砲によって鳥が激減していたという。

そうした状況に呼応するかのように、享保二年正月二十四日、代官伊奈氏の支配人会田七左衛門・富田次右衛門は、武蔵国埼玉郡八条領村々（現埼玉県越谷市・八潮市・草加市）に、鳥が居ついている場所があったならば書上《かきあげ》を提出すること、また鳥が居ついている場所がなかったとしても、二十八日までにその書上を赤山陣屋《あかやまじんや》に提出するように命じていた（『八潮市史』史料編近世Ⅱ）。鷹狩りの復活に向けて、将軍の鷹狩りの場である御拳場《おこぶしば》での鳥の居つき状況を把握する必要に迫られていたのである。

この調査でさまざまな鳥の生息が確認・回復できたわけではなく、幕府は江戸の町で食料としての鳥類、飼い鳥、鷹餌《たかえ》としての鳥類などの売買に携わる水鳥《みずとり》問屋や岡鳥《おかどり》問屋の人数を限定し、その周辺では違法に鳥を捕って売却する人や鳥を盗む人の取締り強化などの対策を講じた。

それもこれも、さまざまな鳥の生息数を回復させるための措置であった。問題はなぜそこまで必死になってさまざまな対策を講じたのかということであるが、これは将軍の鷹狩りと密接にかかわっていた。放鷹《ほうよう》制度を復活させた将軍吉宗が鷹狩りに出かけて、獲物が捕らえられないということは、その威厳を保つためにもあってはならないことであり、さまざまな鳥の生息数を回復させ、あるいは獲物としての鳥を捕獲できる仕組みを確実につくる必要があった。そのうち、後者は鷹狩りの獲物となる鳥を育てるという仕組みづくりにほかならなかった。

綱差の設置

鷹狩りの復活に際して、確実に獲物としての鳥を捕獲できる態勢づくりに取り組んだのは、将軍吉宗であった。その態勢づくりの根幹は、鷹狩りで捕獲する獲物としての鳥を飼育する役職の設置とその飼育の環境整備であった。

まず最初に述べておきたいのは、さまざまな鳥の飼い付けを担当することになった幕府役職についてである。この役職は「綱差《つなさし》」と呼ばれたが、いくつかの書物で「網差《あみさし》」と記述されているものがある。古文書では「綱」と「網」のくずし方が似通っていることもあって、混同されることがあり、解読者が「網差」と読んでしまう場合も多いようである。しかし、この幕府役職が「綱差」であることは、この役職を務めた目黒筋の綱差権兵衛が毎年書き綴った「御用覚帳」（『綱差役川井家文書』）に平仮名で「つなさし」とあり、この役職が「つなさし」であることは疑いようもないことを明確にしておきたい。

将軍就任後の享保元年（一七一六）十二月、吉宗は「綱差」という役職の設置を命じた。それは、従来の幕府職制になかった役職であったが、吉宗はその役名を命名するほどの意気込みをみせ、この役職に大きな期待を寄せていた。かつて和歌山藩主であった時代、藩

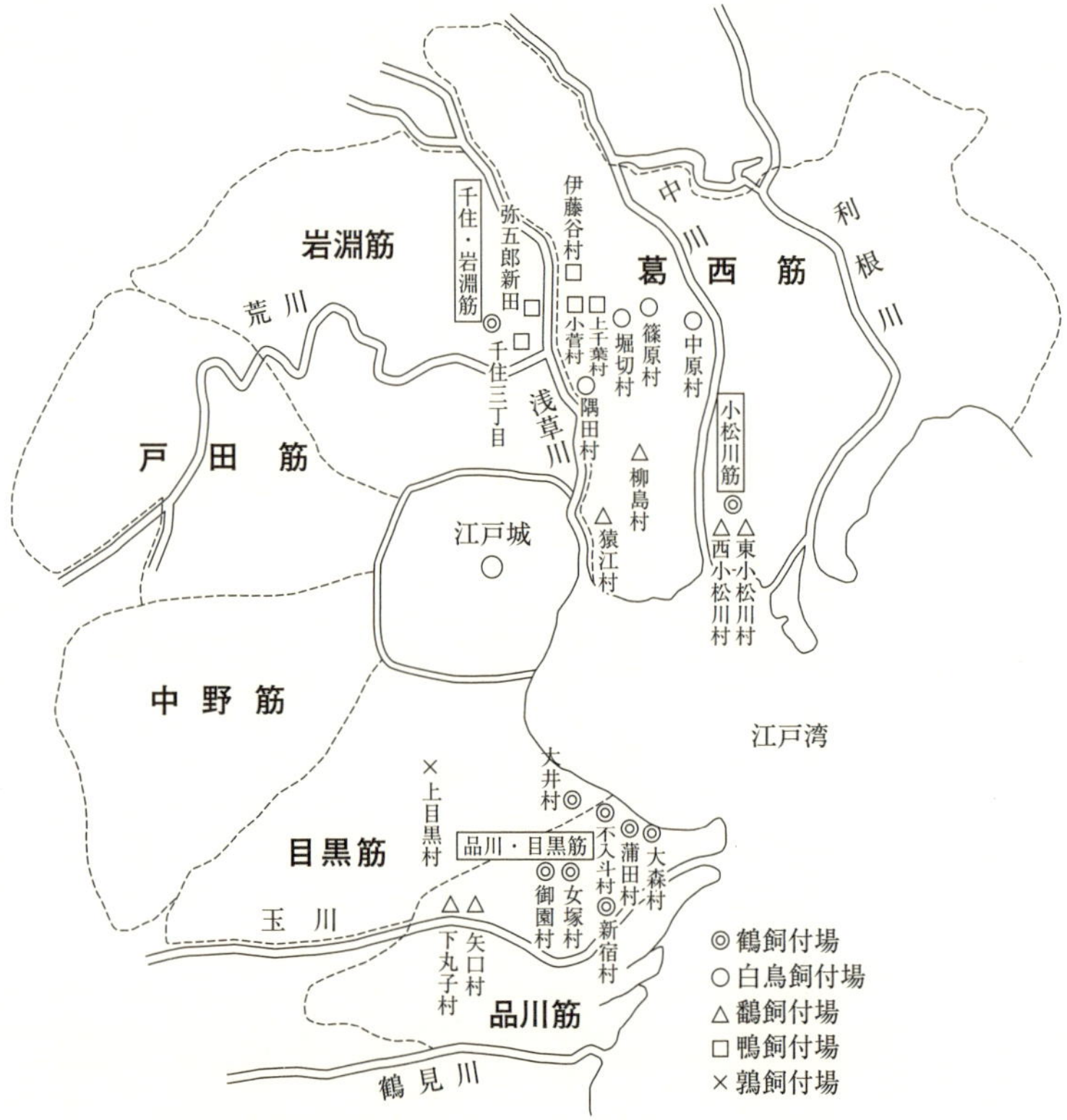

図20　享保期の諸鳥飼付場

「江戸近郊御場絵図」「御場御用留」（国立公文書館蔵）、『綱差役川井家文書』（目黒区教育委員会）より作成。

には類似の職制があり、当初から鶴の生け捕り御用を担当していた牧戸甚内の登用が念頭にあったようである。それを裏付けるように、同二年正月、江戸に到着した甚内は東小松川村（現東京都江戸川区）に居住して鶴の飼付御用に従事することになったのである。

享保初年に葛西筋・六郷筋（のち品川筋）・品川筋（のち目黒筋）で行われていた綱差による飼付御用《かいつけごよう》は、同六年ごろには御拳場六筋全体で実施されるようになり、それぞれの筋に綱差が配置された。そのほか、各筋には「飼付見習」「白鳥寄上人《よせあげにん》」などと呼ばれる補助員もいた（「御場御用留」）。将軍の鷹狩りが御拳場のどこで行われようとも、獲物となるさまざまな鳥の調達が可能となったのであり、鷹狩りの復活には綱差のような飼付御用に従事する役人が必要不可欠だったのである。

綱差の職務心得

綱差の主な仕事は、将軍の鷹狩りの際の獲物となるさまざまな鳥の飼育、つまり飼付御用に従事することであった。飼付御用の対象となった鳥には、鶴・白鳥・鷭《ばん》・鴨・鶉《うずら》などの水鳥・岡鳥があり、その飼育方法や餌の調合は鳥の種類や季節によっても異なり、熟練を要するものであった。

ところが、綱差にはそうした飼付御用のほかにもいくつかの仕事があり、この役職に就任すると、上司である鳥見からその心得を申し渡された。嘉永三年（一八五〇）七月、綱差権兵衛が目黒筋鳥見の原金次郎・黒野源左衛門から申し渡された心得書には、次のような内容が書かれていた（『綱差役川井家文書』）。

①飼付御用の際はできるだけ早く鳥の飼付場所に出かけ、終日飼い付けている鳥を見守りなさい。もし病気などでいつもより早く引き払う場合は、他の綱差に頼んで退くこと。鳥の飼育方法については同役の者に相談して指示を受けること。

②御用で出かけた時は、往来の途中で権威がましいことをしないこと。いつもすべてにわたって慎むようにすること。

③将軍の御成《おなり》先では特に慎み、万事気をつけて勤めること。このことは同役の者にも話しておき、しっかり心得させておくこと。

④鷹場内で何か不穏なことを見聞した場合は、すぐに鳥見に報告すること。

⑤百姓たちから願い事を頼まれて、手紙や贈答品などをもらわないこと。

⑥御用の先々で酒は飲まないこと。

綱差は、さまざまな鳥の飼付御用のほか、村落に居住する立場から村落の不穏な動向を上司の鳥見に報告することを求められ、常に村落の動向を把握しておく必要があった。このように、綱差は鳥見に属して役向きへの忠誠と村落居住の幕府役人としての特性から鷹場内村々の動向の報告とが期待されていたのである。

この飼付御用に付随する仕事として、餌付けした鳥の移送と飼育場所の見回りとがあっ

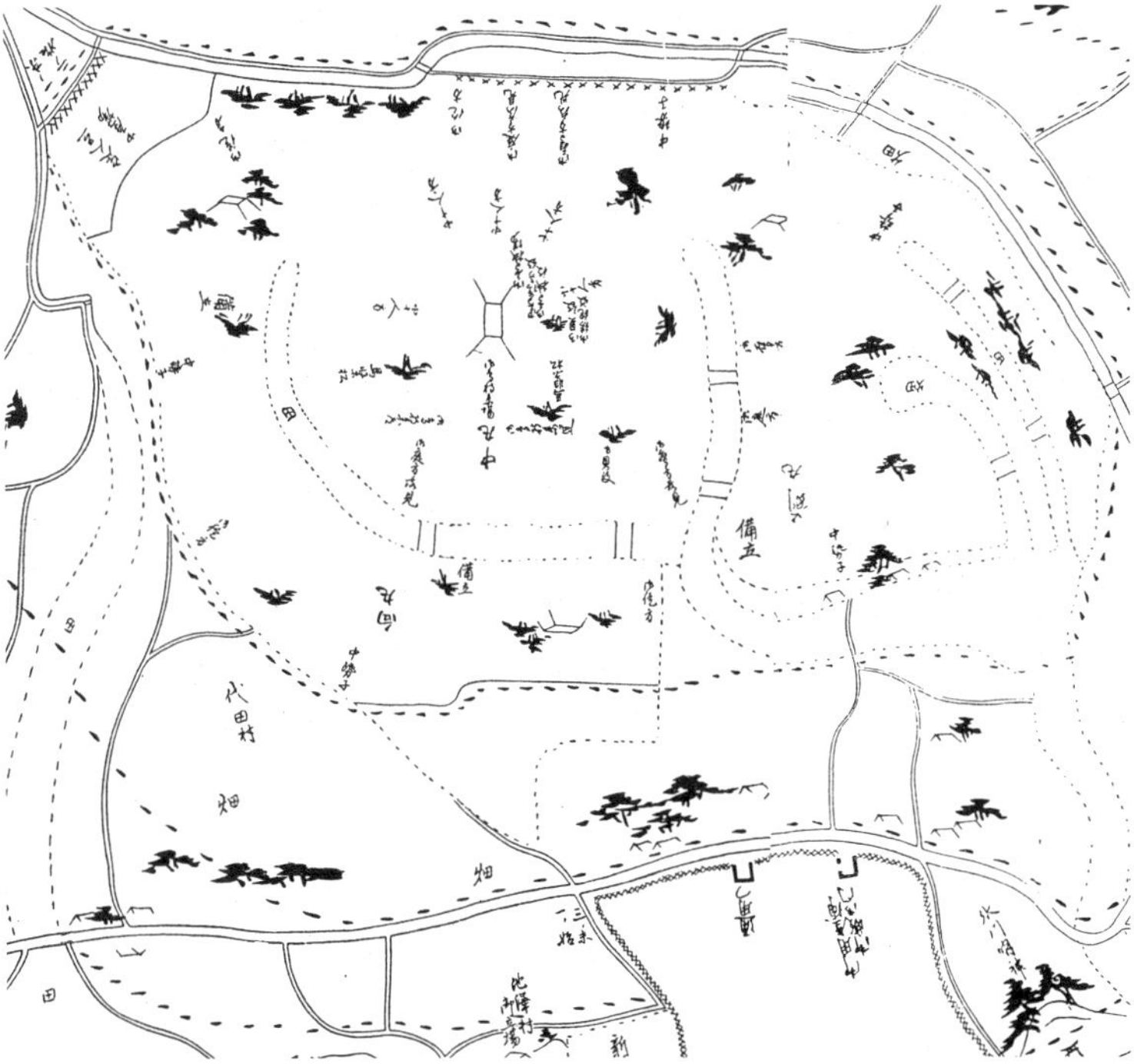

図21　駒場の鶉狩り場（『集約江戸絵図』下巻）

駒場原では毎年十月に鶉を捕るための鷹狩りが行われた。これは軍事訓練の一環であり、原の中央には家臣の行動を眺めるための御立場《おたてば》も築かれていた。画面右下には、上目黒村の御用屋敷の御成御門が見える。

た。これらの御用が将軍の鷹狩りに奉仕するものであったからこそ、彼らには権威がましい行動を慎むことが求められ、同じ村落に居住する百姓とは身分が異なる立場であったからこそ、鷹場内の不穏な状況を鳥見に報告する役割を担わされていたのである。

綱差は御拳場の六筋に配置され、寛延元年（一七四八）八月には葛西筋に綱差七人・綱差見習三人、岩淵筋に綱差五人・綱差見習二人、戸田筋に綱差二人、中野筋に綱差一人、目黒筋に綱差一人・綱差見習一人、品川筋に綱差四人、合計綱差二〇人・綱差見習六人がいた（「御場御用留」）。鶴や白鳥などの鳥の生息に適した大小の河川や低地が存在した葛西・岩淵・品川の三つの筋に、綱差が集中的に配置されていたことがわかる。

鶴の飼育方法

ところで、野生の鳥の飼育は、簡単なことではなかった。そのため、綱差たちは一人ひとりが経験を積み、その知識を蓄え、なかにはそうした経験知を秘伝として子孫に伝えていく者もあった。

最初に綱差に就任した葛西筋の牧戸（のち加納）甚内家には、天保二年（一八三一）、五代目の甚内（邦直）が作成した「綱差秘術之事」と題する秘伝書が伝来している。その序文に「右の四十五ヶ条の秘術を永久に私の家に伝えたいと考え、なお秘伝の注解を付けるため矢作・大場の両人に質問して極め、綱差の秘伝書として我が家に伝えおくものである。これにより、他見してはならない」と記述されていた。

これには、鶴飼育の秘術が四五ヵ条にわたって詳述されており、たとえば「御荷寄せの時餌加減《えさかげん》」「常々畔越さざる時」「本場嫌い餌場進まざる時」「あら鳥餌付よしあし見分《みわけ》方《かた》」「御見分之節餌加減之事《ごけんぶんのせつえさかげんのこと》」「御成之節《おなりのせつ》餌加減之事」「平日餌加減の事」「餌之入方伝授之《えさのいれかたでんじゅの》事《こと》」「朝餌進まざる事」「夕餌進まざる事」「鶴泊場之水掛浅深之事」「鶴移候時《つるうつしそうろうとき》伝授之事」などの項目がみられる。鶴飼育上のノウハウが経験に裏打ちされて事細かに記述され、最後の条文には鶴が好む餌として、小豆・蕎麦・豆・えぐ（黒慈姑《くわい》）・サツマイモ・クワイ・から麦・虫・田螺《たにし》・粟・泥鰌《どじょう》などが書き上げられていた。

国立公文書館蔵の「御場御用留《おんばごようどめ》」には、「鶴飼付方之事」という項目があり、鶴飼育の方法が詳細に記述されている。たとえば、「放った鷹がねらいをつけて追いかけた鶴は、のちのち御用に立つものだ。雛鶴と一緒にいる鶴は雛を手に入れると、その親鶴も御用に立つ場合が多い。雛と一緒にいる親鶴を手に入れると、残りの鶴は役に立たず、近寄ってもこない。つがいの親鶴や仲のよい鶴を手に入れると、これまた残りの鶴は近寄ってこないものだ。鷹が飛び掛り、引き落とし、放してしまった鶴の性質は荒くなり、そのうえ餌場を知っていて近寄ってくるが、そのような鶴は野生に戻ってしまうものだ」というように、鶴の飼育に熟知した綱差ならではの経験知が示されていて興味深い。

また、弘化二年（一八四五）、鷹匠の天野善市が作成した「公儀御鷹場諸鳥飼付術書」

(宮内庁書陵部蔵)に「鶴御飼附之事《おかいつけのこと》」という項目があり、餌にかかわる内容が興味を引く。鶴の飼い付けで第一に重要なのは餌加減といい、その性質を見極めて飼い付けるようにと記している。餌は籾《もみ》を二、三日水に浸してから蒔き、うまくいかない場合は麦を浸して芽が出るぐらいに蒸してから、あるいは蕎麦の種を混ぜて蒔いてみるとよいと説く。またカラスイモやサツマイモは二つに割って土の上において食わせ、これは餌に馴染ませるためにもよいことだ、と述べている。ここにも、経験によって培った知識が吐露されており、一口に鶴の飼い付けといってもさまざまな方法と技術とが存在したようである。

諸鳥飼付場の造成

鶴の飼付場

鶴は将軍の鷹狩りにおいて、最上の獲物とされ、年末の鶴御成の獲物は天皇家に献上されるのが恒例となっていた。それは、古来より長寿の鳥と考えられてきたこともあるが、見た目の高貴さや優美さのほか、鳥類のなかでももっとも美味な鳥の一つとされていたことも大きい。このため、綱差《つなさし》の飼付御用《かいつけごよう》の中心も鶴であり、江戸周辺の村落には鶴の飼付場がいくつもあった。

この飼付場は、「御飼付場所」「御飼付場」「御場所《おばしょ》」「御場《おんば》」などと称され、一般にそれぞれの鳥の名を冠して呼ばれた。たとえば、鶴であれば「鶴御飼付場所」「鶴御場」、白鳥であれば「白鳥御飼付場」「白鳥御場《はくちょうおんば》」と呼ばれたわけである。また、水鳥が舞い下りて集まっているところを代《しろ》といった。一代《ひとしろ》は一反歩《いったんぶ》（三〇〇坪）ほどで、その周囲には縄を張って境界を設け、そのなかに小屋を作って昼夜詰め、餌籾《えさもみ》を蒔いて飼い付けていた。鳥が多かった時代には、池沼のほとりや水田などに代はあったが、人が住みはじめるのに伴い、江戸の周辺ではしだいに少なくなっていった。このため、将軍の鷹狩りで捕獲できる獲物を確保するため、さまざまな鳥の飼い付けの場所、すなわち定代《じようしろ》を決めて飼育することになった（『朝野新聞』第五四八九号）。

現在、宮内庁書陵部には、弘化二年（一八四五）に鷹匠の天野善市が作成した「公儀御鷹場諸鳥飼付術書」と題する史料が所蔵されており、そのなかに「鶴御飼附場所」という項目がある。これによれば、「鶴御飼附場所」は、江戸周辺では「小松川筋《こまつがわすじ》」、「千住《せんじゆ》・岩淵筋《いわぶちすじ》」、「品川・目黒筋」の三方面に分けられ、一方面に「本代《ほんしろ》」八ヵ所、「仕替代《しかえしろ》」八ヵ所があり、つまり三方面の合計で「本代」二四ヵ所、「仕替代」二四ヵ所、総計四八ヵ所の鶴代《つるしろ》が作られていた。しかし、幕府財政などの影響と思われるが、弘化二年には「仕替代」が九ヵ所減らされ、一五ヵ所になっていたようである。

鶴の飼付場は一方面内の鶴代《つるしろ》があまり遠くならない場所に決め、まとまりそうなところを見立て、一つひとつが五〜七町（約五四五〜七六五メートル）ぐらいずつ隔たるように作り、人家の陰、あるいは見通しのよい村では葭《よし》や萱《かや》で仕切りを作って鶴代を分けて飼い付けた。そのようにすれば、一日で巡回でき、仕事のやりくりにも便利であった。鶴代には半月垣《はんげつがき》、一文字垣《いちもんじがき》、丁之字垣《ていのじがき》の形態があり、それぞれの地形や用途に合わせて作っていたようである。

鶴の飼い付けは、その筋を担当する鳥見が引き受け、鶴代一ヵ所に下飼付人（綱差や飼付見習など）一人を配置し、鶴が渡ってきてから帰るまで飼付場に毎日詰めることになっていた。その際、鳥見手付《てつき》一人が付き添って毎日巡回し、鶴飼育にあたっての寄せ方を見て、鶴の良し悪しを見定めていた。そして、どの筋の鶴がよく飼い付けられているのかを見分し、鳥見に報告していたのである。

白鳥の飼付場

鷹狩りの獲物としては、鶴と白鳥が別格的存在であり、いつの時代でも人々から尊ばれていた。そうしたこともあって、日本ではともに禁鳥として原則的に捕獲が禁じられていた。このため、権力者でも許された者だけが捕獲できたのである。

ところで、白鳥は大きな鳥であり、一般に大きいものには天の文字を付けて呼んだことから天鵞《てんが》といい、古名を鵠《くぐい》といった。『和漢三才図会《わかんさんさいずえ》』には、次のような興味深い記述がある。鶴の腹毛はきわめて柔らかく温かいので、これを用いて防寒のための肌着や脚絆《きゃはん》がつくられた。また羽の裏羽は細長く純白で、羽茎の真っ直ぐなものは「君知らず」と称され、あるいは羽自体が「鵠の本白《もとじろ》」と呼ばれて、楊弓《ようきゅう》の矢羽として用いられていた。特

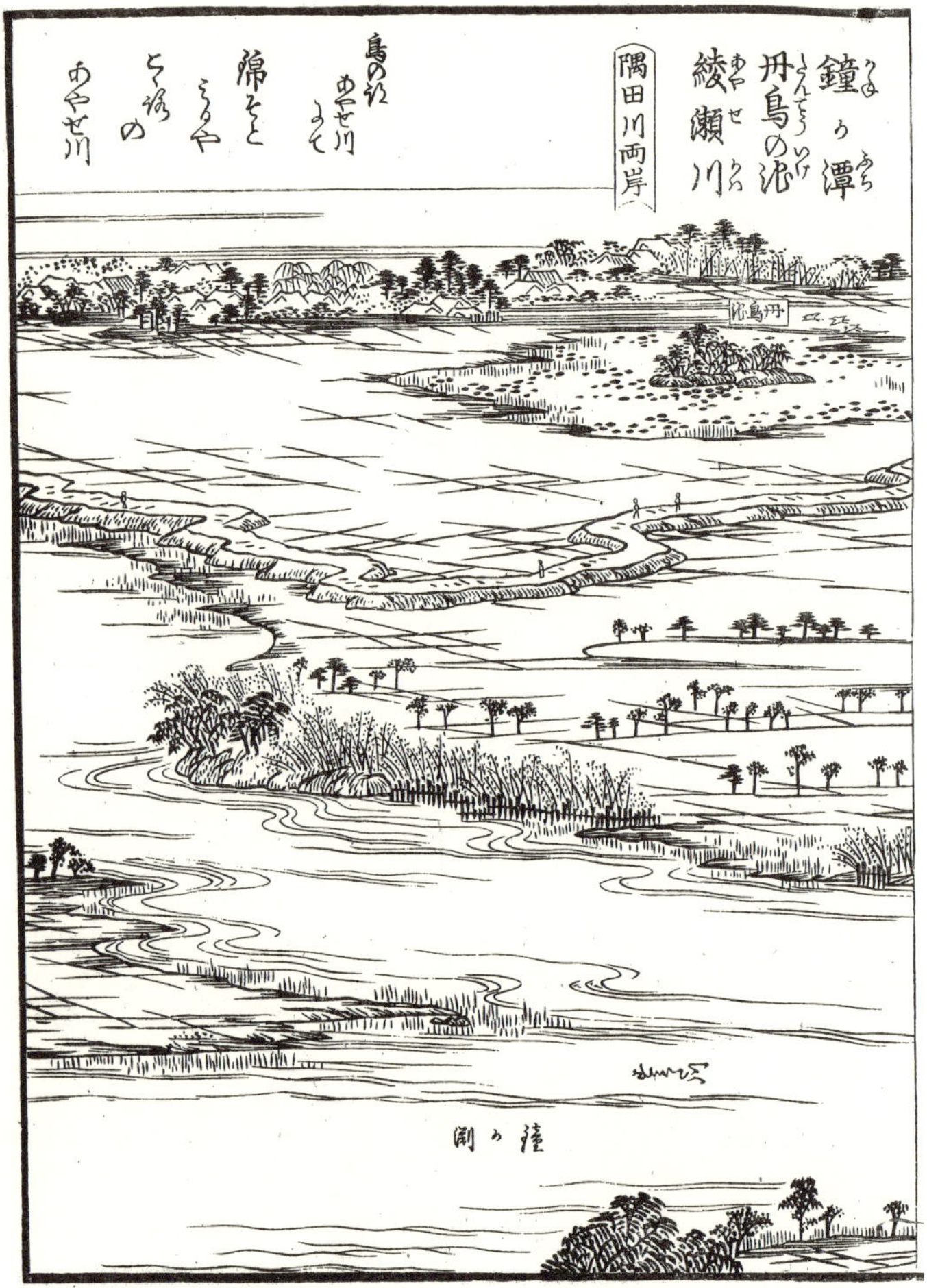

図22　丹 頂 の 池（「江戸名所図会」十九、個人蔵）
画面右上に、蓮の生える池と中島、「丹鳥池」の文字がみえる。これは、吉宗による鷹狩り復活に際して造成された白鳥の飼付場のひとつであった。

に、常陸《ひたち》（現茨城県）・奥羽《おうう》（現東北地方）産がもっともよいものとされた。さらに、肉は肥えていて美味であったため献上品となり、上流階級には大いに喜ばれたのである。

こうした文化をもつ白鳥であるがゆえに、将軍吉宗の鷹狩りの復活に際して白鳥の飼付場（白鳥御場）が造成された。その一つ、武蔵国葛飾郡隅田《すみだ》村（現東京都墨田区・葛飾区）の白鳥池（丹頂池ともいう）は、八反歩（二四〇〇坪）ほどの広さでその中央に島があり、蓮が自生していた。周辺は田地で、池の北側は隅田川の大きな土手、その外側の川べりには川船が入る場所があり、その土手と平行・直角に二つの引堀を設け、その一部に寄せ垣を作り、餌蒔き場にしていた。

もう一つの同郡堀切《ほりきり》村（現東京都葛飾区）の毛無《けむ》の池《いけ》は一町二反歩（三六〇〇坪）の広さで、岸辺には葭が生えていた。周辺は田地で、北側は土手、南側には人家があり、かつては白鳥三、四〇羽が居ついていたことから定代《じょうしろ》となり、その土手と平行に二つの引堀を設け、その一部に寄せ垣を作り、餌蒔き場としていた。これらは自然地形を利用し、白鳥の飼付場に仕立てられたものであった。

享保五年十一月二十二日、白鳥池に放たれていた白鳥二羽が籠に入れられ、御鳥方《おとりかた》の荒瀬只八郎・関口与四郎によって上目黒《かみめぐろ》村（現東京都目黒区）の鳥見役所に居住する内山源五右衛門のもとに運ばれた。また同年十二月二日、堀切村の毛無の池の白鳥二羽も籠に入れられ、同村の村人によって志村《し》（同板橋区）の鳥見役所に居住する樋口九十郎のもとに運ばれた。これらは、それぞれの地域で行われた将軍の鷹狩りの獲物として移送されたものである。

なお、白鳥の飼付場と一口にいっても、さまざまな形態のものがあった。たとえば、武蔵国葛飾郡篠原村《しのはら》（現東京都葛飾区）と中原村《なかはら》（同）の田地に造成された白鳥の飼付場は、その広さが一反五畝一二歩（四六二坪）であった。中原村のものを「大丁場《おおちょうば》」、篠原村のものを「小丁場《こちょうば》」と呼んで区別していた。寛保元年（一七四一）、両村はそれまで稲を刈り取った田地に白鳥の飼付場を造成し、その御用が済むと、翌春に解体して田地に戻すことになっていたが、この年からそのままの状態に維持しておくことになった。毎年の造成・解体作業に必要な三〇〇人の人足《にんそく》の扶持米《ふちまい》一石五斗は幕府から支給されたが、百姓たちはその扶持米を年貢に充当したいと申し立てて許可され、それ以来毎年、代官伊奈氏に断ったうえで扶持米を下げ渡されることになった（「御場御用留」）。このように、本来、白鳥の飼付場の造成・解体作業で必要な人足分の支給米を、その作業をしなくとも土地貸与の代替米として受け取り、年貢に充当することで合意形成がはかられていたのである。

雁・鴨の飼付場

雁・鴨の飼付場は、隅田村より亀有筋《かめありすじ》・浅草三河島《みかわしま》村筋が第一の場所とされた。鴨の飼付場は、享保二年（一七一七）に小菅《こすげ》村（現東京都葛飾区）・上千葉《かみちば》村（同）・弥五郎《やごろう》新田（同足立区）の古川通りに設置されたのを手始めに、同七年にはこの周辺だけでも小菅村に四ヵ所、弥五郎新田に五ヵ所、上千葉村に一〇ヵ所、千住《せんじゅ》三丁目（同足立区）に五ヵ所、伊藤谷《いとうや》村（同）に五ヵ所の合計二九ヵ所も造成されていた。

雁の飼付場は、雁が居付いている場所を見立てて飼い付けることになっていたので、特段その場所が決まっていたわけではなかった。あくまでも雁の数が多く居付いている場所が最優先であった。そうした場所には長い垣根を作り、その向いに雁の動静をうかがう待合いの垣根を設け、その垣根と垣根の間に道を作って繋いだ。

それに比べると、鴨はすべて堀筋で飼い付ける特徴があった。飼付場の周囲は乾田《かんでん》（排水良好でよく乾いた田）で、所々に様子を見るための葭《よし》や藁《わら》の寄せ垣を作って覗けるようにし、時にはそれらを堀に投げて橋渡しとして使用することもあった。そして、潮の差し引きや水の増減がないように堀口を土俵で堰き止め、胴樋《どうひ》を伏せて内水が高ければ外へ落とし、外水が高く差潮のときにも内側に入らないように戸を仕立て、土手の地壁が低い箇所には藁垣《わらがき》を設け、堀が深いところには餌場を拵えて飼い付けた。

すべての飼付場では、札を立て、門戸を締め切って無用の者の立ち入りを禁じ、その場所で鷹を据えることも禁止し、飼い付けているさまざまな鳥が驚かないようにすることが絶対条件であった（「公儀御鷹場諸鳥飼付術書」）。

鷭《ばん》は雁・鴨に代わって渡ってくる夏鳥である。江戸時代、将軍の夏の鷹狩りの獲物の一つで、大名への下賜品としてよく利用された（『徳川実紀』）。江戸時代には「(大《おお》)鷭《ばん》」と「小鷭《こばん》」に分けられ、「小鷭」のことを梅首鶏《ばいしゆけい》と呼んでいた。『雍州府志《ようしゆうふし》』によれば、大鷭は風味が悪く、梅首鶏はその頂に赤毛の点があることによりこの名があり、風味が良かったので贈答品になった、と記される。

また寺島良安《てらじまりようあん》は、『和漢三才図会』のなかで「鷭は大きさ鳩ぐらいで黒色。短い尾、尖った嘴《くちばし》は根元が紅で末は黄色。脚は長くて正青。いつも田沢で鳴く。人が飼養してもよく馴れ卵を伏し抱く。雛は可愛い。夏月は鷭を上饌にする。味はうまい」と記していた。

こうした特色によって、鷭は放し飼いや飼い付けの対象となった。まず鷭の放鳥だが、享保五年（一七二〇）五月三日、武蔵国葛飾郡亀戸村（現東京都江東区・墨田区）唐之助屋敷跡に鷭五〇羽を放したのを手始めに、同月十一日に同所に二〇羽、翌六年四月晦日に四三羽、同日に同村葭沼《よしぬま》に三〇羽、同年五月六日には同郡新宿《しんしゆく》村（同葛飾区）の小池に雄一〇羽、雌二〇羽の合計三〇羽を放した。鷭は水鳥であったため、放鳥の場所は葛西筋の水場に集中的に放していたのである。

鷭の飼付場

鷭の飼付場は「鷭御場《ばんおんば》」と呼ばれた。享保七年三月晦日、武蔵国葛飾郡柳島《やなぎしま》村御徒町《おかちまち》

（現東京都墨田区）前の葭場《よしば》に鶴の飼付場が設置され、次いで同二十一年二月に同郡猿江《さるえ》町《ちょう》（同江東区）御材木置場堀に、同年三月には東・西小松川村（同江戸川区）の葭場に六つの「鶴御場」がつくられた（「御場御用留」）。

また安政年間（一八五四～六〇）の切絵図によれば、「鶴御場」が浅草寺《せんそうじ》・吉原遊廓《よしわらゆうかく》周辺の今戸《いまど》町（現東京都台東区）に三ヵ所、浅草芝崎《しばざき》町に一ヵ所、花川戸《はなかわど》町・材木《ざいもく》町・山之宿《やまのしゅく》町在方分《まちざいかたぶん》に二ヵ所が確認できる。かつて浅草田圃《あさくさたんぼ》といわれた一帯の、街中の狭間の田んぼに小規模ながら集中的に設置されていた（『復元江戸情報地図』）。

このように、江戸周辺東部地域の水場では鶴の放鳥と「鶴御場」の造成による飼い付けが行われ、将軍の鷹狩りの獲物に役立てられていったのである。

吉宗の犬政策

鷹場の犬対策

御成と犬・猫繋ぎ

享保期に入って、鷹狩りの復活に向けた準備が進められるようになると、犬の取扱いが大きな問題となってきた。それは、当時の犬のありようが鷹狩りの障害になるというものであった。鷹狩りの場所となる鷹場は、獲物となる鳥類が多く生息し、静謐《せいひつ》な環境でなければならなかった。物音や危険を察知すれば、飼養している鷹の仕込みや鷹遣いができないばかりか、獲物となる鳥類も逃げてしまうからである。このため、鷹狩り当日、鷹場の村々には火の元に注意すること、鷹狩りの場所に人を入れないこと、道路に犬を出さないこと、馬を繋いでおくこと、貝を吹かないこと、高い声や高音の唄を発しないことなど、詳細な注意事項が通達されていた。

そこで、享保期以前の鷹狩り時の犬の取扱いを概観しておきたい。寛文五年（一六六五）十一月二十四日、四代将軍家綱《いえつな》が隅田川《すみだがわ》付近に鷹狩りに出かけるにあたって、その際の町触《まちぶれ》には御成《おなり》の道筋とその近辺では犬・猫を繋いでおくように命じていた。その後も、将軍の御成に際しては、ほとんどがその方針を踏襲していた（『江戸町触集成』第一巻）。

ところが、綱吉《つなよし》政権成立後の貞享二年（一六八五）七月十四日の町触では、御成の道筋に犬・猫が出てきても構わないので、いずれの御成であっても犬・猫を繋いでおかなくてもよいことになった。このように、家綱時代までは鷹狩りの際に江戸の町も鷹場村々も犬・猫を繋いでおくように命じられていたが、将軍として鷹狩りを一度も行わなかった綱吉は、その御成に際して犬・猫繋ぎの必要がないことを通達していた。

それでは、吉宗《よしむね》の時代には鷹野御成《たかのおなり》時に徘徊している犬・猫をどのように取り扱ったのであろうか。享保二年（一七一七）五月十一日、将軍吉宗によるはじめての鷹狩りが亀《かめ》戸《いど》・隅田川周辺で挙行されたが、それに先立つ五月八日の町触では御成の際にその道筋や隣町の犬・猫を繋いでおくように命じた。吉宗政権は当初、鷹野御成に際しての犬・猫の取扱いについては綱吉政権の方針を踏襲せず、家綱時代に戻したのである。

犬・猫繋ぎ緩和令

ところが、享保二年七月の幕府法令によると、犬・猫の取扱いについて大きな変更があった。御拳場《おこぶしば》の町村のなかで手の及ぶところは犬・猫を繋いでおき、手の及ばないところは繋ぐ必要はなく、遠方へ移動させる必要もないとしていた（『御触書寛保集成』八〇〇号）。

これは、鷹野御成に際しての犬・猫の取扱いについての大胆な緩和策であり、御拳場町村では可能な範囲で犬・猫を繋いでおけばよいことになり、それ以外の江戸の町では犬・猫繋ぎの必要性すらなくなったのである。将軍吉宗は鷹狩りを復活させるにあたって、御成に際してできるだけ規制しないように改め、人々の迷惑を軽減したいという思いがあったことがわかる。こうした対応は、寛大な吉宗のイメージを植えつけるのに一役買ったことだろう。

同二年十二月の幕府法令にも、鷹狩りなどの御成では、慰みや警固などの御用のほかは平常と変わらないようにし、町方《まちかた》でも在方《ざいかた》でもできるだけ商売の妨げにならないようにすることが申し渡されていた。ただし、橋などが破損し、お供の者に支障がある場合のみ直させることにした。御成への供奉《ぐぶ》が将軍への奉公だからといって、多くの人足《にんそく》を駆り出すのは慰みの妨げをしているのと同じことなので、必要以上に駆り出さないようにとしていた。そして、今後は前例にとらわれず、無益なことを申し付けた担当役人はお咎めを受けることになったので、細心の注意を払って対応するようにとしていた（『御触書寛保集成』八〇三号）。あらゆる面で緩和し、将軍を気遣うあまりの過分な対応は上意に叶わないと断言していたのである。

野犬の捕獲と飼犬繋ぎ

享保二年（一七一七）五月十日の町触によれば、江戸町方で飼っている犬を御拳場に捨てに行くというのは不届きなことなので、そのような者は処分する、と明言していた。また江戸の町々にいる犬・猫は、それぞれの町で繋いでおくように、と申し渡していた（『江戸町触集成』五三六九号）。

享保四年二月七日、御場御用掛《おんばごようがかり》で若年寄《わかどしより》の大久保常春《おおくぼつねはる》は町奉行の大岡忠相《おおおかただすけ》に、将軍が出かける鷹狩りの場所近辺で飼犬を繋いでおくべき地域を記した書付を渡した（『撰要類集』第三）。つまり、将軍が葛西《かさい》方面に鷹狩りに出かける場合は、両国橋《りようごくばし》向い・浅草川（隅田川）・深川《ふかがわ》あたりより先の地域で飼犬を繋ぐこと。同様に、千住《せんじゆ》方面の場合は千住大橋《せんじゆおおはし》向いより先の地域。岩淵《いわぶち》方面の場合は駒込追分《こまごめおいわけ》より先の地域。戸田《とだ》方面の場合は大塚《おおつか》より下板橋《しもいたばし》あたり、あるいは関口水道《せきぐちすいどう》町向い・護国寺《ごこくじ》、高田馬場《たかだのばば》・雑司ヶ谷《ぞうしがや》あたりより先の地域。中野《なかの》方面の場合は四谷大木戸《よつやおおきど》より先、青山《あおやま》・大久保《おおくぼ》あたり、あるいは渋谷《しぶや》より先の地域。品川《しながわ》方面の場合は新町《しんまち》・品川台あたりより先の地域。目黒《めぐろ》・池上《いけがみ》方面、六郷《ろくごう》あたりでは飼犬を繋いでおくことになったのである。

翌五年二月十五日にも、大久保常春が大岡忠相に次のような書付を渡した。将軍が鷹狩りに出かける場所付近の村々では野犬を捕獲し代官に引き渡すこと、飼犬の場合には鷹狩りの場所に出てこないようにするか、あるいはどこであってもかまわないので遠くへ移動させること、とある。この内容は、江戸の町方へは町奉行から、その周辺村々へは勘定奉行から、武家屋敷へは鳥見《とりみ》から通達することになっていた（『撰要類集』第三）。このように、鷹狩りの場所付近での犬の取扱いがきびしさを増していったのである。

しかし、これでも事態は改善せず、鷹場での犬の取扱いはより実効性のある手立てを講じる必要に迫られていた。同年四月二十九日、代官伊奈忠逵《いなただみち》の支配人高井武助ら五人は連名で武蔵国荏原《えばら》郡六郷領村々（現東京都大田区）に、御拳場で捕らえた野犬を江戸周辺の三ヵ村に設置された「犬溜場《いぬためば》」に持っていくように命じた。これにより、「犬溜場」のある村には犬扶持《いぬふち》と呼ばれる米銭が支給されることになった（『大田区史』平川家文書一）。つまり、御拳場村々にうろついている野犬を収容する「犬溜場」を設置し、多少の財政支出はあったとしても確実に野犬を囲い込む方策に切り替えたのである。それだけ、鷹場では野犬の問題が深刻の度合を増していったのである。

一方、水戸家鷹場に再指定された江戸川を挟んだ武蔵国葛飾郡と下総《しもうさ》国葛飾郡の一部村々では、犬の取扱いが御拳場とは少し違っていた。寛保元年（一七四一）二月二十二日、水戸家鳥見の鈴木武平次は管轄村々に、飼犬の届出と野犬の殺生を命じていた。この命令は藩主からのものであることが明記され、飼犬の届出は鷹場管理を担当した小金西新田《こがねにししんでん》役所に提出することになっていた（『柏市史』資料編九）。この鷹場では村々にやってきた野犬を打ち殺すように命じられ、その殺生が公認されていたのである。

江戸城門外空地の付近町々での犬繋ぎ

吉宗は、享保二年（一七一七）五月に将軍の鷹狩りを復活して以来、御拳場に指定された江戸周辺の各地で頻繁に鷹狩りを行ったが、鷹場に指定されていない江戸城門外の空地でもたびたび挙行した。

享保二年年十月十一日、十一月二日、同月十三日の田安《たやす》門外、十二月十一日の一橋《ひとつばし》門外、同月十三日の田安門外、同三年正月二十九日の一橋門外、十一月四日の田安門外、同四年九月十三日の田安・神田橋《かんだばし》門外の空地などでのものがそれである（「有徳院殿御実紀」）。遠隔地に出かける鷹狩りと違い、その準備も簡単であり、仕事の合間に短時間で挙行できたからだが、そのために城外の空地やその周辺では鷹場同様の規制が実施されていたのである。

享保五年十一月の幕府法令では、神田橋門外の空地近辺町々の者が犬を飼っていた場合昼夜とも繋いでおき、空地に出てこないように申し付けていた。もし放し飼いにしておき、空地へ出てきたのを役人が見つけた場合には吟味するとしていた。ただし、気づかないうちに離れた犬が空地へ出てきて移し方役人が鷹を移動させている時には、飼主が受け取りに来ても引き渡さないことにした（『御触書寛保集成』一一三九号）。

これは、他の江戸城門外の空地でも同様であったろう。つまり、将軍の鷹狩りの場所になっていた江戸城門外の空地では、鷹狩りを滞りなく挙行するために、犬や人の立ち入りをきびしく禁じるようになったのである。

御拳場村々での飼犬禁止

このように、享保五年（一七二〇）は将軍の鷹狩りとかかわって犬の取扱いの規制が一段と強化されたが、その徹底を期すことはそう簡単なことではなかった。吉宗は延享二年（一七四五）九月に将軍職を子の家重《いえしげ》に譲り、寛延四年（一七五一）六月二十日に没したが、鷹場における犬取扱いの規制は家重政権のもとでも続けられたのである。

寛延元年（一七四八）八月、中野筋《なかのすじ》の鳥見四名は御拳場に指定されていた武蔵国多摩郡関前村《せきまえ》（現東京都武蔵野市）の村人に次のような申渡しを行い、その請書の提出を命じた。これによれば、鷹狩りの場所に犬が出てきて鳥を追い立てるという問題が生じているので、犬の飼育は一切禁止すること、たとえ「来犬《きたりいぬ》」であっても四、五日も差し置かないこと、今後は「来犬」であっても隣村と申し合わせて捕獲すること、村内にある武士屋敷や寺院にも犬の放し飼いはやめるように名主から伝達しておくこと、また犬を他所の地域へ追っ払っても戻ってきた場合には繋いでおき門前に出ないようにすること、放し飼いしていた犬が村内をうろついていた場合は見かけしだい捕獲すること、罠を仕掛けても捕獲できない場合は鳥見に申し出ること、罠を仕掛ける場合も連絡してくること、とある（『武蔵野市史』続資料編四)。しかし、こうした内容が中野筋以外の御拳場村々にも命じられていたかどうかは、今のところわかっていない。

なお宝暦期に入っても、鷹場での犬取扱いの規制は続いた。宝暦四年（一七五四）八月の幕府法令によると、江戸周辺の鷹狩りの場所では以前にもまして犬が多くなり、鷹狩りの獲物となる鶴や雁《がん》の飼い付けにも支障が出てきているので、その付近では飼犬を繋いでおくか、あるいは鷹狩りの場所より二、三里（約八〜一二キロ）以上離れたところへ追っ払うこと。また野犬は捕獲して、鷹狩りの場所より二、三里以上離れたところに捨てに行き、もし立ち戻った場合にはまた捕獲し、また捨てに行くように、とある。この法令は、鳥見《とりみ》組頭《くみがしら》の要請によって、武家屋敷へは目付《めつけ》から、江戸の町方へは町奉行から、江戸周辺の村々へは勘定奉行から触れられることになった（『御触書宝暦集成』七三七号）。

宝暦十三年十一月二十六日の町触によると、御拳場近辺では犬を飼うことを禁止し、また野犬や「来犬」については見つけしだい捕獲して捨てに行くように命じていた。そして、野犬などは殺すのではなく捨てに行くようにし、立ち戻ったら何度でも捕まえて捨てに行くように申し渡していた（『江戸町触集成』七六四八号）。このように、御拳場近辺では一切の飼犬が禁止され、その取扱いがよりいっそう強化されていったのである。

舶来犬の輸入

実学の思考

将軍吉宗は、事実に即して物事を考え、経験・応用・実験・実践を重んじる実学的思考の人物であった。そのため、積極的に外国から動物や植物、文献などを輸入して国内の学問や産業に生かそうとその飼育・栽培などを試み、時には外国人を招いた。また国内外を問わず、動植物の調査も積極的に行った。

たとえば、吉宗は武家の習いとして馬術を身につけていたが、洋馬の輸入のみならず、西洋馬術の摂取にも努めた。享保八年（一七二三）、吉宗はオランダ商館長にアラビヤ馬の大きさを指定して五〜一〇頭ぐらいの船載を命じ、これに応じて同十年六月十三日に五頭の馬が献上された。この時、南蛮革の具足《ぐそく》や馬具が船載されてきたほか、馬乗りのドイツ人ケイズルもやってきた。

特に、吉宗はアラビヤ馬に興味を示すとともに、ケイズルがもたらした馬術にも魅了されたようである。馬預《うまあずかり》の斎藤盛安は、吉宗の命によりケイズルからオランダ流馬術を習得し、また献上されて翻訳された療馬の書も学んでいる（『有徳院殿御実紀附録』巻十二）。その際の乗馬の様子は、「日本馬術絵巻」によって知られる。以後、同年より元文二年（一七三七）まで八回にわたって、計二七頭のアラビヤ馬が輸入された（『通航一覧』第六）。これらは、軍馬として期待されたものであろう。

吉宗の舶来動物への興味は、馬以外に、犬・火食鳥《ひくいどり》・孔雀《くじゃく》・文鳥《ぶんちょう》・インコ・朝鮮雉《きじ》・狆《ちん》・麝香猫《じゃこうねこ》・象などにおよび、単にペットとしてだけでなく、実用的な用途のために入手したものも少なくなかった。このうち象は、享保十三年（一七二八）六月、中国商人によってベトナムから牡牝の二頭の象が持ち込まれ、長崎に到着した。牝象は長崎で病死し、翌年牡象だけが江戸に運ばれた。当初、戦時の輸送手段として期待したものであったが、しだいに将軍の上覧に供することが目的となっていった。江戸到着後は将軍家の別邸〝浜御殿《はまごてん》〟で飼育されたが、目的を達成した象は不要になり、同十五年に払い下げの触れが出された。しかし、その引き取り手がなく、引き続き〝浜御殿〟で飼育されることになった。同十七年には、象の糞を黒焼きにした〝象洞《ぞうとう》〟が疱瘡《ほうそう》（天然痘）の薬として江戸や大坂で売り出された。また寛保元年（一七四一）には、象が武蔵国多摩郡中野村（現東京都中野区）の農民に預けられ、〝象洞〟も同所で製造・販売されたが、翌二年に亡くなった。その死後も、象の頭骨は見世物として利用されていったのである。

こうした吉宗の姿勢は、動物のほか、天文学や漢訳洋書、朝鮮人参などの輸入にもおよんでいた。たとえば、吉宗は紀州の工匠加藤金右衛門に渾天儀《こんてんぎ》（天体の位置を観測決定するための儀器）を作らせ、吹上御庭《ふきあげ》で天体の観測を試みていた。そればかりか、長崎の職人に命じて作らせた望遠鏡をつかって天文研究にあたらせ、神田佐久間町《かんださくま》（現東京都千代田区）にはじめて測量台（天文台）を建設して観測の便をはかったのである。

また吉宗は、薬草の採草・栽培や全国の産物調査にも力を入れた。これらは、医療政策や殖産政策とも密接に連動していた。元禄から享保の時代に、全国的に疫病が流行していたため、吉宗政権は医療政策推進の必要に迫られ、その一環として全国にわたる薬草見分を実施することにした。この薬草見分は、享保五年五月の日光を手始めに、北は松前《まつまえ》・蝦夷《えぞ》から南は九州までほぼ全国にわたって行われ、植村《うえむら》左平次（政勝《まさかつ》）・丹羽《にわ》正伯《しょうはく》・野呂元丈・阿部《あべ》友之進（将翁《しょうおう》）らの本草学者や医者に命じていた。そして、駒場《こまば》・小石川《こいしかわ》・浜《はま》御庭《おにわ》・久能山《くのうさん》・駿府《すんぷ》・佐渡《さど》などに薬園を開設し、さらには朝鮮人参の栽培を推進し、幕府による薬種の品質・流通・販売全般の管理体制を整備したのである。

一方、享保四年には金沢藩主前田綱紀《まえだつなのり》に藩の儒者稲生若水《いのうじゃくすい》が編纂した『庶物類纂《しょぶつるいさん》』の既成分三六二巻を献上させ、同十九年にその門人であった丹羽正伯を起用してその増修事業を進めさせることにした。そこで行われたのが、全国にわたる産物調査であった。同年三月、幕府は全国の領主に通達し、丹羽正伯の調査に協力するように要請した。

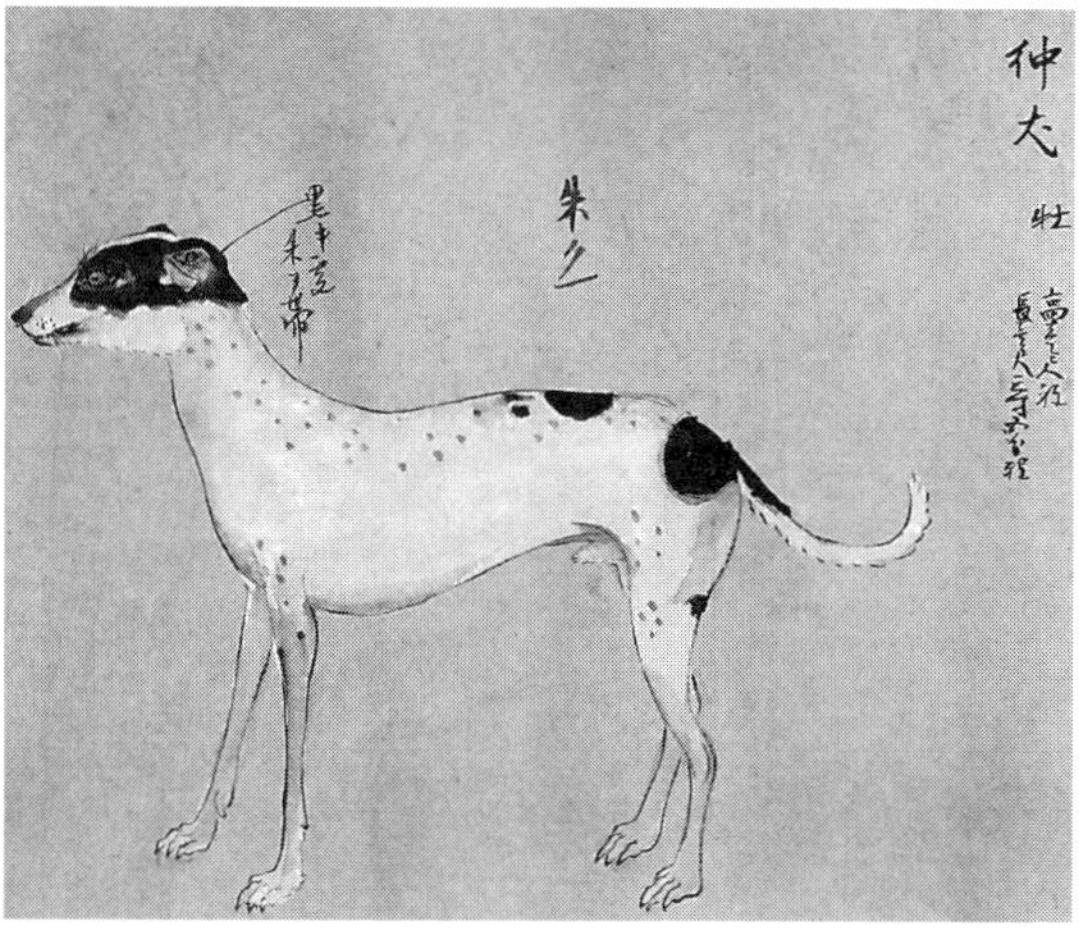

図23　狆犬　牡（「狗譜蓄犬図絵」、早稲田大学図書館蔵）
小形で体高約30センチメートル、胴の長さ約41センチメートル。

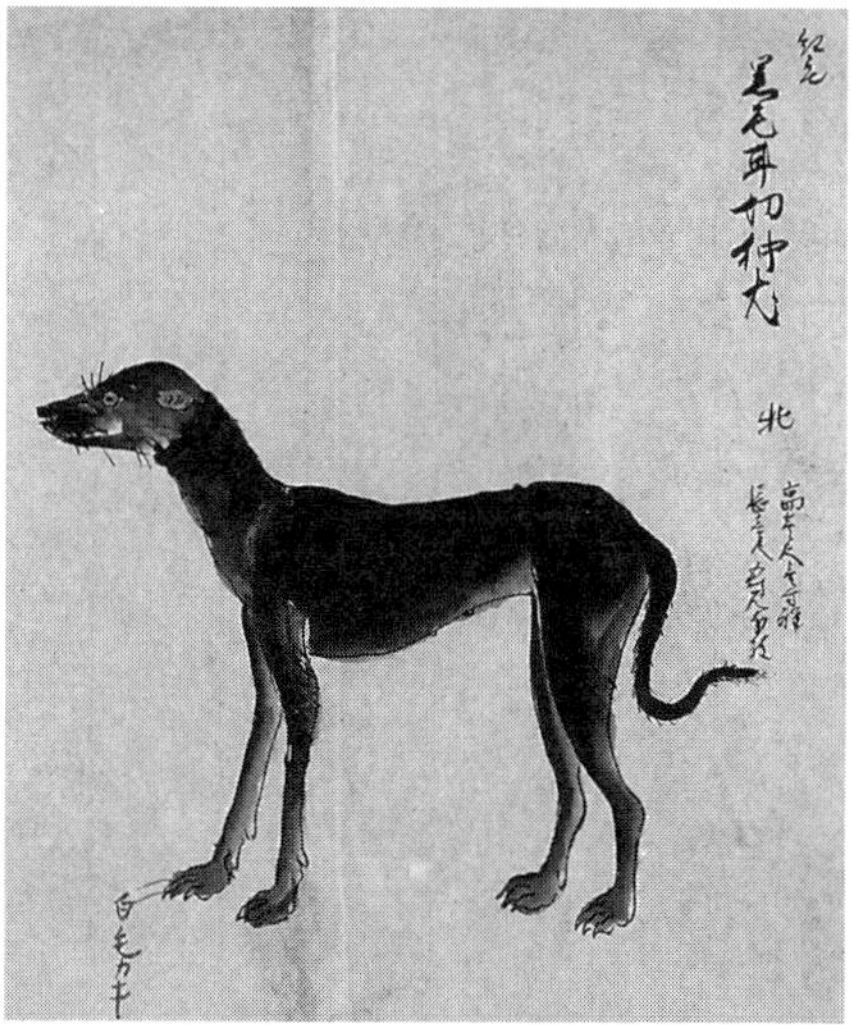

図24　紅毛黒毛耳切狆犬　牝
（「狗譜蓄犬図絵」、早稲田大学図書館蔵）
小形で体高約34センチメートル、胴の長さ約48センチメートル。

そして、同二十年から三年間、諸藩などに各地の動植物や鉱物を詳細に調査させ、その目録などを提出させた。そして、この調査台帳を参考に『庶物類纂』の増修部分の編集を行わせ、元文三年（一七三八）五月に増修分六三八巻（のち増補五四巻作成）を完成させた。この調査は、各地に博物学的思想を普及させたことに意義があり、その成果は『享保元文諸国産物帳集成《きょうほうげんぶんしょこくさんぶつちょうしゅうせい》』によって知られる。

唐犬

古代以来、異国から犬が献上され、その用途は愛玩犬や猟犬であったようである。室町・戦国時代から江戸時代にかけても、西洋・東洋から南蛮《なんばん》犬《けん》・天竺犬《てんじくけん》・唐犬《とうけん》と呼ばれる犬が舶載されてきており、大型犬や小型犬、そして珍犬も輸入された。

『駿府記《すんぷき》』の慶長十七年（一六一二）二月三日条によれば、徳川家康《とくがわいえやす》による遠江国《とおとうみ》堺《さかい》川《がわ》（現静岡県湖西市）・二川山《ふたがわやま》（同）での鹿狩《ししが》りは五〇〇〇〜六〇〇〇人を動員して行われ、鉄砲や弓を使って打ち留めるものであった。この時、唐犬六〇〜七〇匹が鹿を追い立てる役目で駆り出されていた。この唐犬は猟犬であったが、『明良洪範《めいりょうこうはん》』によると元和年間（一六一五〜一六二四）以後、多くの人々が華美になるなかで唐犬を飼育することが流行し、大名行列にも参加していた記事があり、これは愛玩犬であった。

「武用弁略《ぶようべんりやく》」の犬の項には、「小ヲ狗《いぬ》ト云、大ヲ犬《けん》トス」とあり、続けて「道犬《どうけん》之ヲ大《だい》犬《けん》ト云、今呼デ唐犬《とうけん》ト称スル者也」とも、「獒犬《ごうけん》ハ於保伊奴《おほいぬ》、今案ズルニ唐犬ト云々」とも記されており、唐犬は大型犬を示すものだったようである。

また吉宗は、鷹狩りの再興によって使用する鷹犬《たかいぬ》の必要に迫られ、個人的な好みもあっ

図25　唐犬　牝（「狗譜蓄犬図絵」、早稲田大学図書館蔵）
中国船が持ち込んだもので、体高約42センチメートル、胴の長さ約58センチメートル。

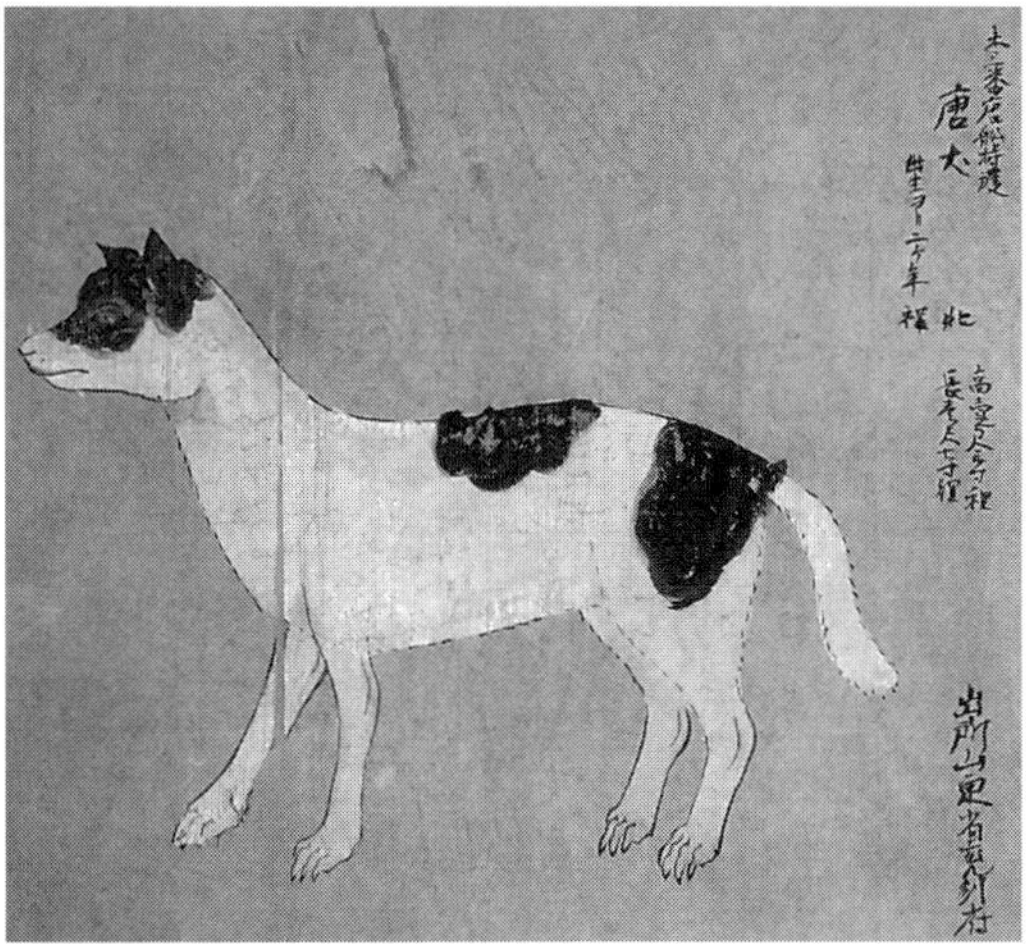

図26　唐犬　牝（「狗譜蓄犬図絵」、早稲田大学図書館蔵）
中国船が持ち込んだもので、体高約39センチメートル、胴の長さ約52センチメートル。

て大型犬の収集に執着していたようである。その際、オランダ犬が先駆けであったが、次いで中国からも求め、時を同じくして国内でも犬御用と称して大型犬を集めるための対策を講じていた。

享保八年（一七二三）四月十三日、鷹野御用にあたっていた代官伊奈氏の支配人会田七左衛門は、武蔵国埼玉《さいたま》郡八条領《はちじょうりょう》村々（現埼玉県越谷市・八潮市・草加市）に、御用のため背丈二尺二寸（約六六・七センチ）以上の犬を関東内で探していることを通達していた（『八潮市史』史料編近世Ⅱ）。また享保十年五月の幕府法令には、牡犬の背の丈は二尺二寸以上、牝犬は二尺（約六〇センチ）以上、全体的に骨太で丈夫、年齢は問わないが若いほど好ましく、毛色も問わず、少し気が荒くとも、狩猟の経験がなくとも、傷があっても構わないとあり、そのような犬がいた場合にはその地の領主に届け出て、各地の幕府代官所に連絡するように、と通達していた（『御触書寛保集成』一一五七号）。この通達は、同年六月六日、武蔵国埼玉郡八条領村々でも確認できる（『八潮市史』史料編近世Ⅱ）。

一方、『通航一覧《つうこういちらん》』の享保十年五月条には、将軍吉宗が中国蘇州《そしゅう》の船主黄哲に唐犬御用を命じたことが記されていた。御用の内容は、以前、将軍に献上された唐犬四匹のうち、三匹は御用に大変役立ったが、残る一匹の虎毛の長い牡犬は御用に役立たなかったため、役に立った三匹のような犬を牝・牡とも混ぜ合わせて五匹でも一〇匹でも舶載するように、というものであった。そのなかで、三匹の犬よりもさらに大型の犬がより望ましく、一方で小型でも大型でも毛の長い犬は必要ない、と注文をつけていた。

しかし、翌十一年八月には、吉宗の唐犬の好みが変わり、中国蘇州の船主施翼亭に別種の唐犬を船載するように命じた。また唐犬は中国からのみ輸入したのではなく、同十四年にはオランダからも輸入し、この時の渡来動物には孔雀《くじゃく》二羽、馬二頭、オランダ犬一匹なども含まれていた。

このように、吉宗が猟犬として集めた犬は大型犬であった。このため、中国系や南蛮系の犬との交配による雑種も増加していったものと思われる。唐犬の容姿は、享保五年刊の「絵本写宝袋《えほんしゃほうぶくろ》」、寛政元年（一七八九）刊の「頭書増補訓蒙図彙《とうしょぞうほきんもうずい》」、葛飾北斎《かつしかほくさい》の「唐犬図」によって知られる。

オランダ犬

「有徳院殿（吉宗）御実紀」の享保二年（一七一七）二月二十八日条には、毎年恒例のオランダ商館長の参礼があり、献上された諸品が記されていた。なお、この年より将軍は簾《すだれ》を上げて謁見することになったという。商館長一行は三月六日まで江戸に滞在したが、この逗留中、好奇心旺盛な吉宗は「オランダ国では鷹を使って狩猟をしているのか、その方法はどのようなものか」などと尋ねていた。まもなく鷹狩りを復活させるにあたって、異国での鷹狩りの様子を聞いて、その知識を得ようとしていたのであろう。

またこの年、オランダから渡来した犬が将軍の手に渡り、狩猟で使ってみたところ、吉宗自身大きな満足を得た。このため、翌三年夏、年番大通詞《ねんばんおおつうじ》の名村八左衛門が出島《でじま》に出向き、前年の渡来犬と同種でよりいっそう敏捷で大きな猟犬二匹を取り寄せるようにという長崎奉行の内意を伝えた。この要請に応えたものと思われるが、同五年にオランダ船は火《ひ》食鳥《くいどり》二羽のほか、猟犬二匹を船載してきた。続いて、幕府はオランダに対して同六年に猟犬六匹（牡犬二匹・牝犬四匹）、同七年にも猟犬を注文していた（『長崎洋学史』上巻）。

享保十年十月、オランダから輸入した御用の品々が江戸に到着した。その品物は、オランダ馬三頭、孔雀二羽、鷲《わし》二羽、青インコ一羽、紅インコ一羽、紅雀《べにすずめ》四羽、文鳥《ぶんちょう》七羽のほか、犬では狆一匹、中犬二匹、狩犬《かりいぬ》の子一匹であった（『通航一覧』第六）。猟犬ばかりでなく、数多くの愛玩動物も輸入されていたのである。なかでも、馬三頭にアンス、トコム、ミキルの名前が付いていたことは興味深い。

同十三年、オランダ船によって麝香猫《じゃこうねこ》二匹が渡来し、一方で猟犬三匹を注文した。この年、長崎奉行の渡辺永倫は、出島のオランダ商館周辺の水門あたりで犬が水中で物を探す芸を見ていた。そのことが吉宗の耳に入ったらしく、翌十四年春には御用の水犬《みずいぬ》二匹が江戸に運ばれ、唐犬一匹とオランダ犬一匹も輸入された。同十七年にも猟犬三匹を注文し、元文二年（一七三七）二月には猟犬二匹が献上され、寛保三年（一七四三）にも美しい虎毛の犬を注文していた（『長崎洋学史』上巻、『通航一覧』第六）。

寛保年間から延享元年（一七四四）にかけて、出島のオランダ商館や長崎の役人宅などには、オランダ狩犬・狆《ちん》犬・黒毛耳切狆犬・虎毛牝犬・白毛狩犬・黒斑狆犬・水犬・白赤

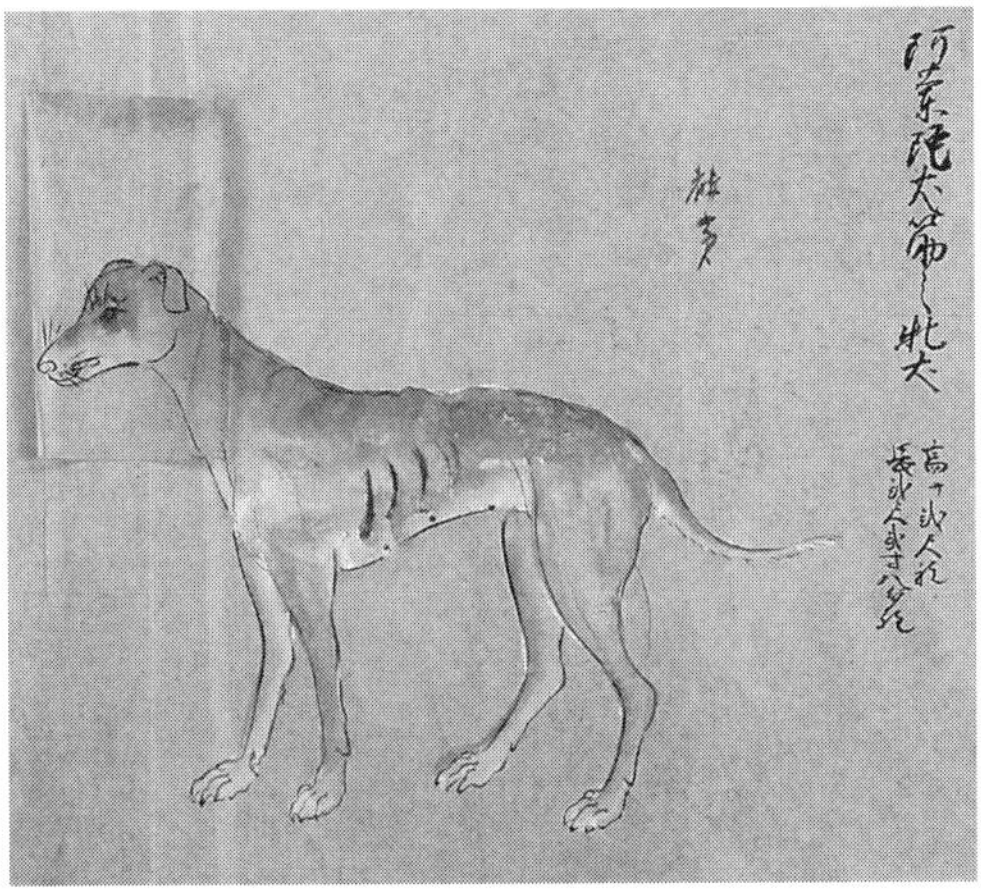

図27　オランダ犬筋の牝犬
（「狗譜蓄犬図絵」、早稲田大学図書館蔵）
大型で体高約60センチメートル、胴の長さ約69センチメートル。

図28　オランダ犬筋の牝犬
（「狗譜蓄犬図絵」、早稲田大学図書館蔵）
大型で体高約59センチメートル、胴の長さ約70センチメートル。

ぶち水犬・白黒ぶち水犬などの犬種が飼われていて、唐犬も少なくなかったという（『長崎洋学史』上巻）。

吉宗の時代、このようにオランダからもさまざまな動物が積極的に輸入され、飼育されるようになっていた。愛玩用が多かったように見受けられるが、犬のように狩猟用のものもあった。猟犬の需要は、吉宗の鷹狩りの復活と密接にかかわっていたと思われる。またこの時代、江戸および長崎で、吉宗やその内命を受けた者たちは、馬上での射撃の腕前やオランダ国内での朝鮮人参服用の有無など、オランダ人から実用的な事柄を聞き出し、さまざまな知識を習得していたのである。異国の文化や科学技術を知りたい、取り入れたいという欲求は、吉宗の実学思考の表れであろう。

享保期の犬小屋

鷹部屋と犬小屋

八代将軍徳川吉宗《とくがわよしむね》は、放鷹《ほうよう》制度の復活に際して、鷹匠頭《たかじょうがしら》の下に猟犬を飼育するための犬牽《いぬひき》の職制を再置した。ところが、享保十四年（一七二九）七月の触書で佐々木勘三郎孟成《たけなり》が犬牽頭《いぬひきがしら》に命じられたことが通達され、犬牽の所属が鷹匠頭支配から先手頭《さきてがしら》兼帯鉄砲方《てっぽうかた》井上貞高配下の佐々木氏の支配へと変更になったことを周知させたのである。

「御府内場末往還其外沿革図書《ごふないばすえおうかんそのほかえんかくずしょ》」（国立国会図書館蔵）によれば、享保六年四月、下駒込《しもこまごめ》村（現東京都文京区）の吉祥寺《きちじょうじ》に隣接する土地には鷹匠同心五〇人の組屋敷のほか、犬小屋（犬部屋）や活物飼場《いきものかいば》が建設されていた。ところが、同十一年の同書絵図面では鷹匠同心の五〇人屋敷が鷹匠の役屋敷となり、その近くの百姓地が御鷹御用活物飼場と御馬仕込《おんましこみ》場《ば》になっていて、犬小屋は見当たらず、化政期には千駄木御鷹仕込場《せんだぎおたかしこみば》になっていた。『新編武蔵風土記稿』の下駒込村の項には、享保三年十二月、村の中央付近の三八二五坪の地が御用地となって鷹部屋が建設された、とある。そして、その南の五三六〇坪の地が鷹匠屋敷となり、その近くの上駒込村にまたがる一万六〇〇坪の地に鷹匠同心組屋敷が建てられていたという。それに続いて、四〇〇坪の犬小屋が造られたが、同十八年に雑司《ぞうし》ヶ谷《がや》の鷹部屋付近に移転してからは空地になっていたようである。また、村の西方の二七五〇坪の芝地には御鷹仕込場が設置されていた、と記されていた。

一方、「御府内場末往還其外沿革図書」によれば、享保四年四月、雑司ヶ谷村（現東京都豊島区・文京区）の旗本水野氏と同坂原氏の抱屋敷《かかえやしき》であった地に、鷹師頭小栗氏の鷹部屋が建設され、その北方の旗本中西氏の屋敷を収公して組屋敷が築かれた。また同十八年十月には、本浄寺《ほんじようじ》の西隣りに御鷹御用の犬小屋が設置されたが、宝暦二年（一七五二）に取り払われ、百姓地になったという。

『新編武蔵風土記稿』の雑司ヶ谷村の項にも、「享保四年御鷹部屋御用地となり、同十八年犬小屋御用地に定められしにより、御料の地は尽《つき》たりしが、宝暦二年犬小屋廃せられて其跡御料所に復せり」とあり、沿革図書と同様の事情を記していた。このうち、鷹部屋は九〇八八坪余、鷹方組屋敷は一万一五三〇坪余であった。しかし、この地の犬小屋の取払

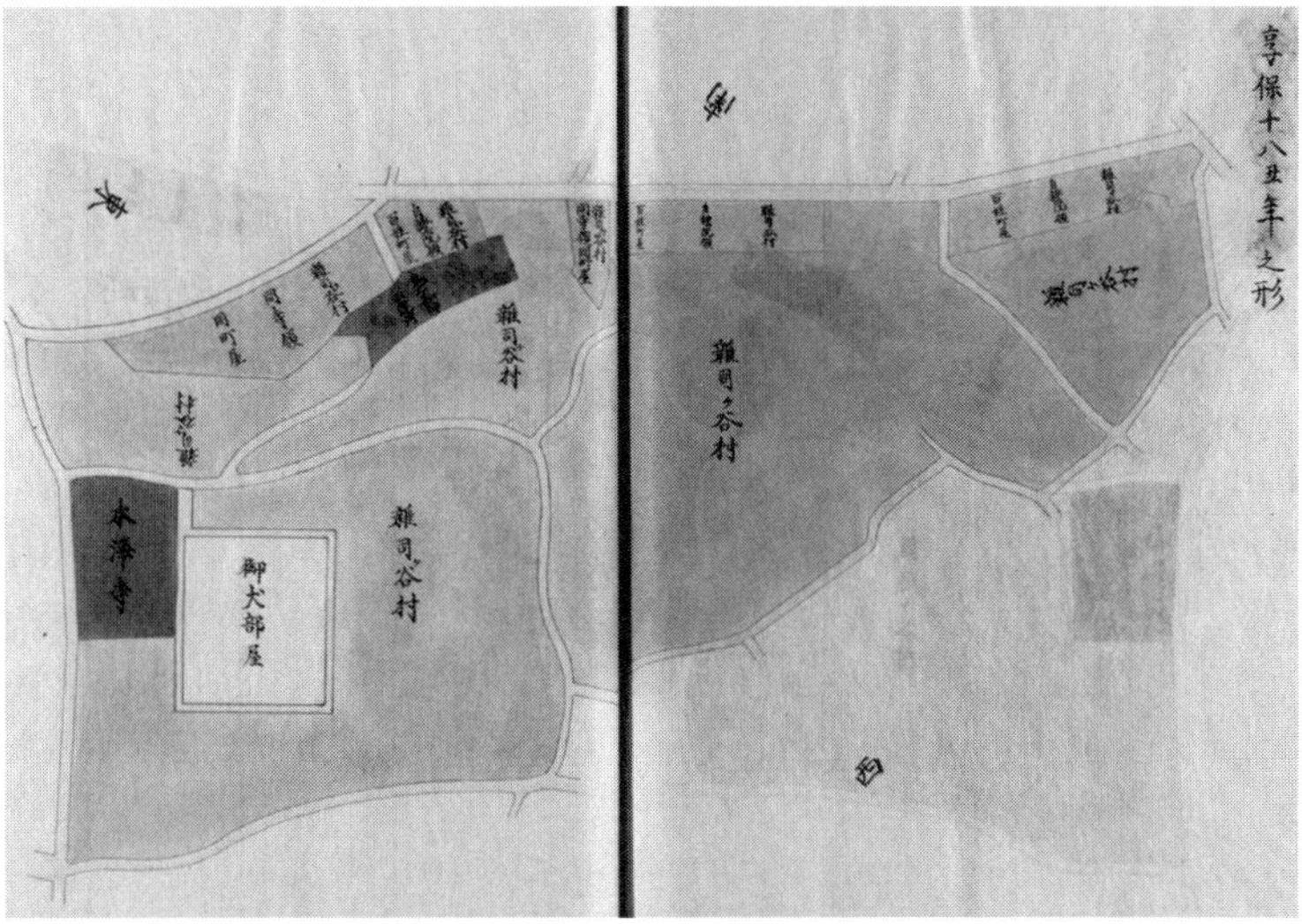

図29　吉宗期に設けられた御犬部屋

（「御府内場末往還其外沿革図書」弐拾、利、雑司ヶ谷村、国立国会図書館蔵）

将軍の鷹狩りには猟犬が欠かせず、雑司ヶ谷村に鷹部屋とともに御犬部屋（犬小屋）も設置された。この猟犬は鷹犬と呼ばれた。

いは、宝暦二年ではなく、後述するようにその前年の寛延四年（一七五一）九月であったようである。

好まれた鷹犬

さて、鷹狩りに猟犬が必要なのは、古代以来のことで、この犬は鷹犬《たかいぬ》と呼ばれた。鷹には羽が乱れるため草むらに入ることを嫌う習性があり、鷹に追われた鳥が草むらに隠れると、それを追い出すのが鷹犬の役目であった。

昭和六年（一九三一）十二月、宮内省式部職《くないしょうしきぶしょく》によって編纂された『放鷹』によれば、わが国では鷹犬の相貌は白を尊び、次いで紅であり、多くは牝犬を用いたという。戦国時代の奥書がある「鷹経弁疑論《たかきょうべんぎろん》」には、全体的に白で尾が黒く長く、そして胸が黒く、前足が長く、口から眼まで毛が逆立ち、黄色であることが良犬とされ、黒犬の場合は前足が白く、胸が黄であり、顔が白く、四足とも白いのが良犬とされ、黄色の犬の場合は前足二本が白く、白い文様があればなおよいと記されていた。

ところが、江戸時代になると、顔は短く、耳は細く、立ち胴は小さく、足は短く細く、足と足の間隔が広く開き、尾は曲がらず立っているのが好まれたという。一方で、池や沼に鴨を引き寄せる際に用いる犬は、体形が小さく、顔は丸く、眼は茶色で、脛《すね》は短く、尾は柳のような尾で、毛色は紅赤、鼻爪は黒が良犬とされたという。

吉宗の時代には、前述したように、猟犬としてオランダ犬や唐犬が輸入され、これらは鷹部屋内の犬小屋で飼育され、鷹狩りに利用された。鷹犬の好みは時代によっても変化していたのである。

犬牽頭佐々木勘三郎

「有徳院殿（吉宗）御実紀」の享保十四年（一七二九）七月二十五日条には、犬牽《いぬひき》が鷹匠頭の支配から先手頭兼帯鉄砲方の井上貞高に所属した佐々木勘三郎孟成の支配へと移ったことが記されていた。猟犬の用途が、鷹狩りよりも、鉄砲を使用することが多い猪狩《ししが》りに比重を移したことによる措置であろう。それ以後、猪犬牽《ししいぬひき》という職名が見られるようになる。

またこの時、鷹場村々に触れられた通達によると、犬牽頭の佐々木氏の現米高と扶持米《ふちまい》は六〇石と一〇人扶持であり、世話役や見習を含めた犬牽の総人員は二九人、一人当たりの扶持米は二人扶持であった。なお、犬にも扶持米が支給されており、野先での昼扶持は一匹当たり半扶持であった（『越谷市史』三、史料一）。

佐々木氏は、吉宗の将軍就任とともに、和歌山藩士から幕府の鉄砲方《てっぽうかた》与力《よりき》に召抱えられた。その後、犬牽頭に就任したことで、その待遇は御庭番《おにわばん》支配の藪田《やぶた》数直《かずなお》に準じることになった。佐々木氏はその後もこの役職を兼帯しながら大筒役《おおづつやく》となり、家伝の砲術を教授していた（『新訂寛政重修諸家譜』第十九）。

しかし、「宝暦集成絲綸録《ほうれきしゅうせいしりんろく》」によれば、寛延四年（一七五一）九月、雑司ヶ谷の犬小屋が必要なくなったとの理由で取払いを命じられ、佐々木氏は犬牽頭の任務を解かれて小普《こぶ》請《しん》奉行となり、その支配下にあった犬牽一七名も小普請入となり、一人当たり金四両の家作料を給付されて犬小屋囲内居宅からの引っ越しを命じられた。

野犬収容の犬小屋

もう一つはすでに少しだけ述べてきたものだが、吉宗政権が造成した野犬収容のための犬小屋であった。これは、従来ほとんど知られていないもので、この政権にとっても野犬対策は大問題だったのである。ただし、綱吉《つなよし》政権のように人と犬の摩擦を回避し、犬を保護するために大規模な犬小屋を造成したのではなく、吉宗政権は野犬の徘徊によって鷹狩りの獲物となるさまざまな鳥の飼育に支障をきたしていたため、その収容のために犬小屋を造成することにした。というのは、野犬がさまざまな鳥の飼付場に現れ、飼育している鳥を襲い、また江戸の都市化やその周辺の新田開発による生態系の悪化に伴い、獲物となる鳥も激減していたからである。

享保五年（一七二〇）四月二十九日、幕府代官伊奈氏の家臣五名は御拳場《おこぶしば》に指定されていた武蔵国荏原郡六郷領（現東京都大田区）の村々に、江戸の周辺に造成された三ヵ所の犬小屋（「犬溜場」）に御拳場の村々で捕まえた野犬を運んでいくように命じた（『大田区史』平川家文書一）。この三ヵ所の犬小屋とは、武蔵国荏原郡麻布領今里村《あざぶりょういまざと》（現東京都港区）、同国豊島郡野方領下練馬村《のがたりょうしもねりま》（同練馬区）、同国豊島郡野方領中新井村《なかあらい》（同練馬区）に

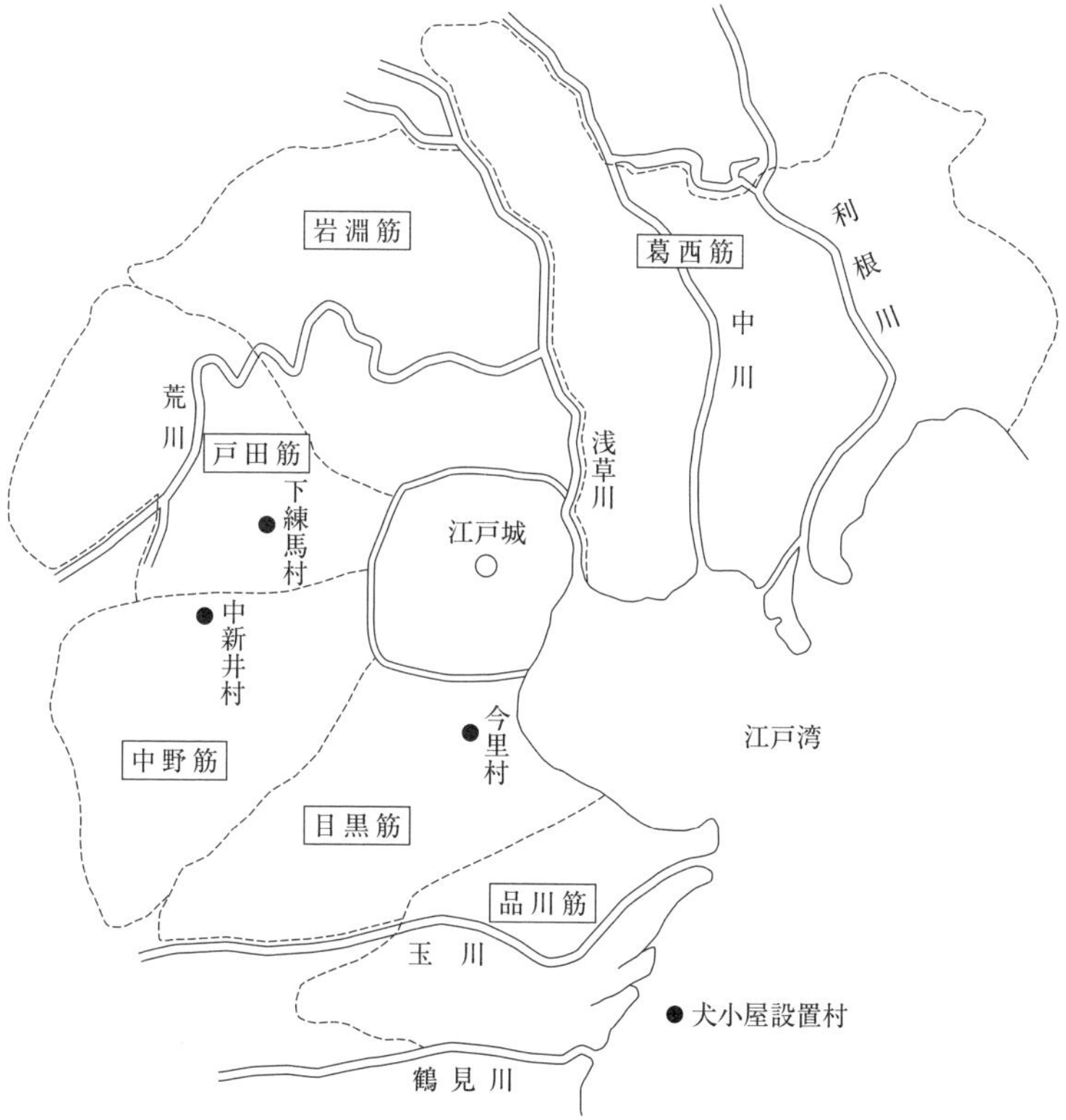

図30　享保5年設置の野犬収容の犬小屋（犬溜場）
「江戸近郊御場絵図」（国立公文書館蔵）、『大田区史』（平川家文書一）より作成。

出来上がった犬小屋であり、いずれも当時幕府直轄領の村々であった。

これにより、野犬を捕まえた御拳場の村々は、村人に名主の送り状を添えて連れて行かせ、犬小屋のある村の名主《なぬし》へ引き渡すことになった。これを受けて、犬小屋が設置されている村の名主は野犬を引き取ると、預かった野犬の数を書き上げた書付に各村名主の送り状を添えて伊奈代官所に届け出、犬扶持《いぬふち》（野犬養育のための給付米銭）をもらうことになっていた。このように、御拳場内の野犬を収容する犬小屋を設置しなければならないほど、鷹狩りの獲物の飼育が困難な状況になっていたのである。

しかし、この野犬収容の犬小屋が、どの程度の規模で、どれくらいの収容力を持ち、どの程度の効果を上げていたのかを示す史料は見出せず、その詳細は不明である。その後も、御拳場での野犬規制がいっそう進められていくことからすれば、大きな成果を上げられなかったのではないかと推測される。

享保期の犬事情

狂犬病の発生

将軍吉宗は、享保改革を断行し、多方面にわたる政策を打ち出したが、そのなかには医療政策もあった。将軍就任前後には全国的に疫病が流行していたため、享保五年（一七二〇）以後、本草《ほんぞう》学者を登用して薬草政策を推進するともに、小石川《こいしかわ》養生所の設置や麻疹《ましん》（はしか）薬の配布などの疫病対策を行った（大石学『吉宗と享保の改革』、鈴木則子『江戸の流行り病』）。

さて、吉宗の時代に、犬をめぐる重大な問題が発生した。それは狂犬病《きょうけんびょう》である。麻疹《ましん》が流行するなか、享保十七年（一七三二）には狂犬病も全国的に広がっていった。一八世紀の神沢杜口《かんざわとこう》の随筆『翁草《おきなぐさ》』には、この年から九州に始まり、中国地方におよんで犬はことごとく死に果てて一匹もいなくなり、その毒気に侵された人も死んで日増しに増えていった、と記される。同二十一年（元文元年）の春にも上方から流行しはじめ、その翌年夏頃には東海道にも達し、犬のみならず、狼・狐・狸の類も多く死に、人・牛・馬まで狂い回って死んでいったという。

狂犬病は犬の病気のなかでもっとも恐ろしいもので、それに咬まれた人間にも大きな被害を与えることになった。この時の状況を目の当たりにした本草学者《ほんぞうがくしゃ》の野呂元丈《のろげんじょう》は、元文元年（一七三六）に「狂犬咬傷治方《きょうけんこうしょうちほう》」を著した。このなかで、わが国ではかつて狂犬が人を咬むということを聞かなかったが、最近、外国からこの病気が伝わり、九州から始まり、中国地方・上方に移り、近ごろは関東にも広まってきている、と述べていた。そして、その治療法として土茯苓《どぶくりよう》・川芎《かわかずら》・甘草《かんぞう》を煎じて服用するとよいとしていた。

元丈は和歌山藩領の伊勢国多気郡波多瀬村《いせたきはたせ》（現三重県勢和町）の出身で、享保五年に丹羽正伯《にわしようはく》の推薦により幕府から薬草見分の命を受け、以後各地で採薬に従事した。同十四年には「庶物類纂《しよぶつるいさん》」の増補作業に参加し、元文四年、将軍吉宗に初めて拝謁し、幕府医官に列した。

これ以前、大坂の医師寺島良安《てらじまりようあん》は、正徳二年（一七一二）の自序がある『和漢三才図会《わかんさんさいずえ》』を編んだ。これは、明の「三才図会」に倣って、天上・地上・人事の三才を網羅し、和漢の書を渉猟してまとめ、そのなかで自らの意見・解釈を加えたものである。ここには、

「猘犬《せいけん》」、すなわち狂犬が狂犬病にかかると、必ず舌を出して涎《よだれ》を流し、尾を垂らして眼は赤くなるというわかりやすい状態になるが、人間がこの犬に咬まれるとその毒性はきわめて強力である、と記していた。この『和漢三才図会』の記述は、日本に狂犬病が入ってくる以前のものであり、中国の本草書からの引用とみられる。

このように、元丈は和歌山藩領出身ということもあり、吉宗政権の中枢に近いところで、当時の医薬行政と密接にかかわりながら、狂犬病対策にも奔走していた。しかし、幕府は効力ある対策を打ち出せず、その終息を待つしかなかった。享保期以降、御拳場内で飼犬禁止の方向性が示されてくるのは、狂犬病の全国的蔓延と無関係ではないだろう。

ちなみに、狂犬病を克服するワクチンを発明したのは、フランス人のパストゥール（一八二二～一八九五）であった。一八八五年、ついに人間で実験され、その克服に成功したのである。しかし、わが国における犬への予防注射の導入はだいぶ遅れ、戦後になってからであった（谷口研語『犬の日本史』）。

御囲跡と桃園

さて、綱吉政権のもとで設置された中野犬小屋（御囲《おかこい》）の跡地はその後どうなったのであろうか。『中野区民生活史』では、「犬小屋が廃止になった後、その跡地は元持主の百姓郷右衛門に返されたというが、その後も長く野原として放置されていたようである」と記述しているが、その根拠は示されていない。

享保十九年（一七三四）から天明二年（一七八二）まで鳥見《とりみ》・鳥見組頭を務めた中村正《まさ》勝《かつ》が史料の選定にあたり、その嫡男で天明二年まで鳥見見習を務めた正亮《まさすけ》が、寛政八年（一七九六）に書写した「御場御用留《おんばごようどめ》」のなかに、「中野御囲跡《おかこいあと》一件之事」という項目がある。この史料は、鷹狩り・鷹場にかかわる幕府側の記録を猟渉し、鳥見を務めた人物によって編まれたものであるため、その信憑性はきわめて高いといえよう。

これによれば、中野の犬小屋は「一ノ御囲《おかこい》」から「五ノ御囲」までの五つに区分され、その規模は二四万八〇二八坪であった。この土地は、元禄八年（一六九五）、九年に御用地となり、以後八年間にわたって犬小屋の敷地となった。そして、同十五年に犬小屋の跡地はもとの百姓に返され、その時の幕府代官は今井九右衛門であったという。しかし、前述したように、この段階ですべての土地が返却されていたわけではなかった。

その後の事情を伝える記述はみられないが、享保二十一年二月十四日に御場掛《おんばがかり》の小納《こなん》戸頭取《どとうどり》土岐朝澄《ときともずみ》が犬小屋の跡地を初めて見分して緋桃《ひもも》五〇株を植えさせ、同年十一月七日にも緋桃の間に白桃一株ずつを植えさせていた。

元文元年（一七三六）十一月には「御立場《おたてば》」の築造により、村人が夏には萱刈り、秋には草取りを命じられ、以後毎年萱刈りと草取りとが行われ、その周辺に小松が植えられるようになった。このため、その場所は代官伊奈忠逵《ただみち》によって年貢が免除された。「御立

図31　中野の桃園（「江戸名所図会」十一、個人蔵）

中野村の西北の台地から低地にかけての一帯には桃の木が植えられた。この地は吉宗によって桃園と名付けられ、多くの人々が集う名所となった。

場」とは、将軍が高所からあたりを眺めるために土盛りして築かれた場所のことである。

　この地の「御立場」は、高さが四丈（一二メートル）、上部が三間（四・八メートル）四方、下部が五間（九メートル）四方であった。「御立場」の山主は中野村（現東京都中野区）年寄の郷右衛門で、この地の上畑一反一九歩には年貢が課されていたが、「御立場」分として永一五文の年貢が免除されていた。同三年十一月、「御立場」周辺の下畑通りに桃七五〇株が植えられたが、歳月の経過とともに枯れて少なくなり、その後も植樹されることはなかったという。

元文五年十月から翌年春までは雉《きじ》四二羽が放たれ、雉の狩猟場となった。寛保三年（一七四三）三月には、「御立場」の後ろに築山《つきやま》の造成を命じられ、その高さは六尺（丈ヵ）、上部は二間に九尺で、その土地は上畑三畝二九歩であったが、年貢は免除されなかった。

延享三年（一七四六）六月には「御立場」の広さを一尺拡張し、翌四年二月には築山に日除《ひよ》けのための大きな赤松一本を植えた。そして、将軍の命により大名の花見見物のために築山脇に見物所を造成し、その日除けのために大松も植えた。また在宅鳥見《ざいたくとりみ》の佐原万五郎は、「御立場」近辺を庭のように手入れするように命じられ、柘植《つげ》・紅葉《もみじ》・山吹《やまぶき》・熊笹《くまざさ》を植えていった。

元文三年二月十八日の御成の際には、「御立場」近辺に葭簀張《よしずばり》の水茶屋《みずちゃや》一軒の営業許可を求める願いがあり、これに対して許可することが御場掛の松下當恒《まさつね》から申し渡され、それも一時的ではない定《じょう》茶屋の営業として認められた。しかし、花見以外の季節には商売にならないため、毎年青桃の花が咲くころから落花まで茶屋営業を行った。

一方、江戸後期、幕府によって編纂された武蔵国の地誌『新編武蔵風土記稿』では、犬小屋跡地の歴史的経緯を次のように説明している。享保年間（一七一六〜三六）、将軍吉宗は犬小屋跡地の周辺に何度も鷹狩りに訪れていた。そこで同二十年（一七三五）、御場掛の小納戸頭取土岐朝澄が将軍の命により土地を選んで「御立場」を造成し、その周辺の畑の畔に紅桃《べにもも》五〇株の植樹を進め、同じ年に白桃も植え増した。

元文元年（一七三六）には、郷右衛門所持の畑一畝二〇歩を収公して改めて「御立場」を築き、多数の松も植えた。またその麓から道路を造成し、その地の年貢は免除された。そして、郷右衛門には御成のたびごとに銀一枚が下賜されたという。同三年には「御立場」一帯の六万七〇一四坪の土地に緋桃一五〇株を植えたので、春になると桃の花が咲き乱れて紅白に染まり、その艶やかな景色は目を奪うばかりであった。

このため、寛保三年（一七四三）には、将軍の命により「御立場」の後ろに山丘を築き、その場所に大名たちも遊びに来るようになって花見の名所として知られるようになり、その山丘は大名山《だいみようやま》と呼ばれた。このようなわけで、桃の花が咲き乱れる時節は貴賤《きせん》を問わず多くの人々が訪れ、大いに賑わうようになったようである。

しかし、これが村人にはかえって農業の妨げとなった。このため、鷹狩りの際に随行してきた御場掛の小納戸《こなんど》松下当恒《まさつね》が将軍の命を伝えて、茶屋一一軒の開業を許した。こうした茶屋営業の利益は農業経営の手助けとなり、安永の初めまでは桃の木も花盛りで花見客も多く、賑やかな場所となった。

ところが、安永六年（一七七七）、この地に鶉《うずら》狩りの場所が造成された。その際、四九町七反歩の土地の雑木を伐採したことにより土地が痩せ、その後桃の木を植林しても育ちにくくなり、その植生は衰えてしまったという。

さらに、斎藤幸雄《ゆきお》・幸孝《ゆきたか》・幸成《ゆきなり》の三代にわたって編まれ、天保五年（一八三四）と同七年に刊行された江戸の地誌『江戸名所図会《えどめいしょずえ》』によれば、享保年間、中野犬小屋跡地の田んぼに桃の木を植えたことにより桃園《ももぞの》と呼ばれるようになり、その命名者は将軍吉宗であったといわれる。天保期に入っても、三月になると紅白の桃の花が咲き、その景観はすばらしいものであった。ここには、将軍の鷹狩りの際の御腰掛《おこしかけ》があり、桃園の丘の前を流れる小川に架かる橋は石神井橋《しゃくじい》と称されていたという。

それぞれの記録によって、内容は多少食い違っているが、中野犬小屋の跡地付近の一部は吉宗の時代になって紅白色の花をつける桃の木が六万七〇〇〇坪余にわたって植えられ、この地は吉宗の命名によって桃園と呼ばれるようになった。

つまり、桃園の造成は吉宗の主導によって行われ、実際には御場掛で小納戸頭取の土岐朝澄による犬小屋跡地の見分によって桃の植樹が進んだ。その後、将軍の「御立場」が築かれると、桃の植樹もいっそう進み、江戸内外の老若男女が集う桃の花見の名所となった。

現在、桃園の地名は残っていないが、町会や公園などにその名前を留めており、その場所はJR中野駅西口側の一帯であった。犬小屋が設置されていた当時、ここは「一之御囲」と「五之御囲」の間から「五之御囲」の一部にかけての地域に位置し、桃園川を狭んで丘陵が広がっており、起伏に富んだ地形であった。紅白の桃の花が咲き乱れる時節は、壮観であったにちがいない。

さて、中野犬小屋の跡地になぜ桃を植樹したのか。その理由を記したものは見当たらないが、『和漢三才図会』では「本草綱目」を用いて、桃の木の特徴を栽種しやすく、色とりどりの花が咲き、早く実を結ぶと説明している。そして、「桃は西方の木で、五行《ごぎょう》の精、仙木《せんぼく》である。だからよく邪気《じゃき》を厭伏《おさえふ》せ、百鬼《ひやっき》を制圧する。現今、人が門上に桃符《とうふ》（桃の木で作ったお札）を貼るのはこのためである」と記されていた。

つまり、民俗学の研究成果を取り入れて考えてみると、あの世とこの世とを往来する境界的な霊的動物とされる犬を収容した中野犬小屋の跡地に、仙木として知られた桃の木を植栽して邪気を払い、そして百鬼を制圧し、桃源郷的な空間を作り出そうとしたのではないかと思われるのである。

江戸時代の犬と鷹——エピローグ

犬の江戸時代

人と犬とのかかわりは古く、多様である。その歴史は少なくとも縄文《じょうもん》時代にまで遡るのだが、それ以来、犬は人にさまざまな用途で利用され、現代に近づくほどその多様さは増している。それだけ、人と犬の関係は密接になっているということだろう。

江戸時代、人にとっての犬の利用はペット犬、狩猟犬、番犬、食犬、鷹の餌、絵画・彫刻・工芸の題材などにおよんでいた。そのなかには、ヨーロッパ・東南アジア・中国などから舶載されたものもあり、それらは唐犬《とうけん》や南蛮犬《なんばんけん》などと呼ばれて将軍や大名・豪商《ごうしょう》などに愛玩された。そのほか、闘犬《とうけん》や犬追物《いぬおうもの》で用いられる犬、蹴鞠《けまり》の材料としての犬もあり、狛犬《こまいぬ》や犬張子《いぬはりこ》のような宗教・民俗上の対象になることもあった。

このなかで、一七世紀初頭には江戸名物として「伊勢屋《いせや》、稲荷《いなり》に、犬の糞《くそ》」という流行り言葉があった。これは、江戸に伊勢《いせ》（現三重県）出身の商人が移住してきて、それぞれ伊勢屋の暖簾《のれん》を掲げ、そして商売の神である稲荷を祭り、新開地では物騒だからと犬を飼うため道路には犬の糞が多かったことを示している。江戸の町では、実用的にも飼犬が必要だったということである。

愛玩される犬の存在は絵画や浮世絵などで数多く確認でき、ただ飼われて愛玩されていただけでなく、芸を仕込むこともみられ、それは家庭でも商売用でも行われていた。そうした愛玩犬のために、綱吉《つなよし》政権の時代には江戸の町に犬の商売があり、犬の病気や怪我を治すために医師（犬医者）もいた。番犬は、不審者を家に入れないためにも用いられていたが、屋敷や城（殿中《でんちゅう》）に狐が入るのを防ぐためのものでもあった。

人と犬との関係では、綱吉政権は異様で、犬だけではなかったが、村々に毛付帳《けつけちょう》の提出を義務づけ、この帳簿により飼主や飼犬の生死を把握・管理することにした。しかし、為政者が犬の保護を強制すればするほど、捨て犬や犬の虐待が横行したわけで、必ずしも保護できなかったのである。本来、犬を可愛がる行為は人の心情からきているのであって、これを法で強制しても人の心情を逆なですることもあったのである。

現在、わが国では確認できない食犬については、江戸時代初期の『料理物語』の犬の項に「すひ物（吸い物）、かいやき（貝焼き）」とあり、熊・川獺《かわうそ》・狸・兎・鹿・猪と同じように食べられていたことが記される。また、享保十二年（一七二七）刊行の大道寺友山《だいどうじゆうざん》著『落穂集《おちぼしゅう》』には、江戸時代前期の江戸の町に野犬がいることは稀であったといい、その理由として、冬に向かうと犬は下層の者たちの食料として殺されていたとあり、同様の事例は『会津藩家世実紀《かせいじつき》』の正保三年（一六四六）十一月二十四日条にも見られ、牛・犬殺生禁止令のなかで食犬を諫《いさ》め、「寄合喰《よりあいぐい》」の者まで処分すると申し渡していた。食犬が下層の者たちの間で横行していたようである。

食犬のための犬の拾い集めをする人々の存在を記していたのが、喜田川守貞《きたがわもりさだ》がまとめた『守貞謾稿《まんこう》（近世風俗志一）』である。この本の巻之七（雑業）には「犬拾ひ」の項目があり、その雑業は困窮した屠児《とじ》（穢多《えた》）がその職とし、江戸にはなく上方《かみがた》に多かったという。その扮装は、破れた着物を着て、古い編み笠の下に頰かぶりし、蜜柑《みかん》の空き籠《かご》を背負って、市中を回り犬の死体を拾っていたと記される。そして、かつては犬の死体をくれた人には、雪駄一足半をあげて謝す習慣があったという。

このほか、人がかかわらざるをえない犬として、野犬・山犬の存在も無視できなかった。本書でも触れたように、綱吉や吉宗の政権は当該期の政治状況により野犬対策に乗り出さざるをえなかったのだが、その他の政権も程度の差はあれ、事情は同じであった。人を襲う野犬や山犬は怖い存在であり、駆除の対象となった。特に、元禄三年（一六九〇）三月十七日、幕府代官設楽能久《しだらよしひさ》が下総国葛飾郡藤原新田（現千葉県船橋市）に出した通達には、佐倉牧《さくらまき》の狼・山犬狩りに関連して、小金牧《こがねまき》付き村々の飼犬には赤紙を貼った板を首に付け、その他の犬と区別できるように指示していた（『船橋市史』史料編二）。このなかで、山犬は「里で育った犬が野に離れ、その親犬から野で生まれた犬」と規定されて危険視され、幕府の鉄砲隊が派遣されて大規模な犬狩りが行われていた。

江戸時代の犬対策としては、綱吉政権の生類憐み政策が際立っていた。ここでみられる犬の保護は、犬の殺生や虐待にとどまることなく、犬商売の禁止、犬の喧嘩の引き分け、犬・猫の芸を仕込むことの禁止、病犬の治療、犬小屋の建設など幅広い内容におよんでいた。本書では、犬小屋に収容された一〇万匹といわれる犬の飼育や、犬小屋解体後の犬の処分についてもできるだけ明らかにしようと試みた。その結果、犬小屋造成直後のおよそ二九万坪の敷地から程なくして東西の御囲一〇万坪に縮小され、元禄十五年からは土地の返却を進めていた。その原因は、犬種の異なる膨大な犬の養育のノウハウがなかったこと、犬の餌となる米穀調達の困難さなどであった。このため、田中休愚《たなかきゅうぐ》は収容犬の半数近い犬が死んでいた現実を痛ましいと嘆いていた。次いで、犬小屋に最後まで収容されていた犬の取扱いについては、村預かり犬とともに解放され、散り散りになったということまで

図32　中野区役所前の「中野犬屋敷の跡碑」
現在の中野区役所が立地する場所は、犬小屋が設置されていた当時、五つの御囲のうち「二之御囲」であった。この碑は、往時を偲ぶオマージュとなっている。

は判明した。犬小屋の廃止によって、犬の飼育は放棄されたのである。

これに対して、吉宗政権の犬対策は鷹狩りの復活のなかで問題視され、鷹狩りの場所付近の飼犬は繋いでおき、野犬は捕獲する方向で進められた。しかし、野犬の存在は鷹狩りの獲物となる鳥の飼育に支障をきたすようになり、享保五年（一七二〇）四月には代官伊奈氏の家臣より御拳場内で捕らえた野犬を江戸周辺の三ヵ村に設置された「犬溜場《いぬためば》」に運んでいくように命じられた。それだけ鷹狩りの復活にとって、野犬の存在は大問題であったのである。この事実は従来ほとんど知られていないもので、享保期の「犬小屋」として特筆できよう。

そして江戸時代後期になり、犬の用途として特徴的なものが見世物《みせもの》としての犬の存在であった。「摂陽年鑑《せつようねんかん》」には文化八年（一八一一）の仔犬と熊の芸、「見世物雑誌」の天保六年（一八三五）および「見世物研究」の嘉永元年（一八四八）には犬と猿の曲芸が紹介されている。なかでも、この時代、前足三本の犬、後足四本の仔犬、八本足の犬、尾が二本の犬、肛門二つの仔犬など、奇形犬の見世物を伝える記録が頻出する（梶島孝雄『資料日本動物史』）。珍犬や怖いもの見たさの風潮が増長していたのであろう。

鷹の江戸時代

鷹の歴史はそのまま鷹狩りの歴史であり、わが国の長い鷹狩りの歴史のなかで盛衰はあるが、なかでも江戸時代は鷹狩りがもっとも盛んな時代であったといってよい。歴代将軍や大名の多くが鷹狩りに勤《いそ》しんだというだけでなく、徳川政権が放鷹《ほうよう》制度を国家支配のなかに組み入れ、鷹狩りの維持のために組織化・儀礼化を進めたからである。また鷹の飼養・作法などにかかわる各流派の鷹書《たかしょ》類が数多く生み出され、鷹詞《たかことば》・鷹歌・鷹道具・鷹療治・鷹薬方などの膨大な数の啓蒙書も作成され、その隆盛ぶりがうかがい知れる。

さて、この時代の鷹狩りの権利は朝廷と武家との二つの体系が存在し、天皇は公家に鷹狩りを認めるかどうかの権限をもち、将軍・大名は家臣に対して同様の権限を有していた。

また将軍が天皇に献上した「御鷹之鶴《おたかのつる》」は、天皇が受領すると「鷹之鶴」と呼ばれ、公家に分与するか、あるいは振る舞われたりした。結局、「御鷹之鶴」が天皇から将軍に贈与されることがなかったことも含めて考えると、近世国家における「御鷹之鳥」の贈答儀礼のうえでは、天皇が将軍よりも上位に位置づいていた。この構図は、将軍が天皇から征夷《せいい》大将軍《たいしょうぐん》の任官と官位とを叙任《じょにん》されていたことに決定づけられていた（拙著『江戸幕府放鷹制度の研究』）。つまり、朝廷の「御鷹《おたか》」の体系のなかに、武家の「御鷹」の体系が包摂され、武家の「御鷹」の体系の頂点にいたのが将軍・幕府であったということになる。

鷹狩りを行うにあたって、最低限必要なものとして鷹と鷹をあやつる鷹匠があり、これに加えて鷹狩りを行う場所である鷹場があった。その延長線上に、鷹を集めるための体制、鷹を飼育するための鷹部屋とその訓練のための鷹場、鷹狩りの獲物の贈答・饗応などの儀礼、鷹場支配のための体制などが必要であった。

徳川家康が幕府の放鷹制度を構築するにあたって参考にしたのが、豊臣秀吉政権のそれであった。鷹の入手体制と御巣鷹山《おすだかやま》の設置、鷹役人の組織、鷹場の設定と支配、鷹狩りの獲物の贈答・饗応儀礼などの仕組みは、豊臣政権のそれから多くを摂取していた。そうした前提には、日本古代以来の伝統的な放鷹観の継承や少年時代から鷹狩りを好んだ家康の思い、そして戦国大名北条氏の関東領国の鷹場と豊臣政権の「畿内近国《きないきんごく》」鷹場の奪取・継承などが存在した。ただ、これまでみてきたように、豊臣政権の放鷹制度に比べれば江戸幕府のそれのほうがより緻密な組み立てになっていたことは確かである。

ところで、徳川家康は関東入国以来、各地で示威的な鷹狩りを行い、領国経営にも役立てていた。その姿勢は開幕後も変化はなかったが、豊臣政権の「畿内近国」(山城・摂津・河内・和泉・大和・近江・尾張・三河の各国)の鷹場を手に入れたことで、鷹場の規模のうえからも全国の覇者となり、その各地に鷹匠などを配置した。将軍を辞した大御所の家康は、二代将軍徳川秀忠《ひでただ》に関東鷹場の一部を分与し、駿府城《すんぷじょう》から関東各地にかけての長逗留の鷹狩りが毎年の恒例行事のようになっていた。

このなかで、『当代記《とうだいき》』によれば、慶長十五年(一六一〇)十月、秀忠は関東の鷹場に雁・鴨が例年より少ないというので、上総国(現千葉県)内に出かけて鉄砲を打ち放し、その結果大御所の鷹場には雁・鴨が以前よりも多くなったという。家康の鷹場に鷹狩りの獲物となる鳥が少なければ、秀忠は自らの鷹場で鉄砲を打ち、家康の鷹場に鳥が集まるような行動をとっていたのである(拙著『将軍の鷹狩り』)。こうした事例は、豊臣秀吉が自らの鷹場に獲物となる鳥を集めるために各地の大名に領内で鉄砲を打つことを命じていたことからも確認できる(『大日本古文書』所収の「島津家文書」など)。

三代将軍徳川家光の時代になると、国家体制の整備が進むのに伴い、鷹狩りは江戸周辺での日帰りのものへと変化し、江戸周辺鷹場の支配強化が打ち出された。これは、江戸周辺が「江戸城城付地《しろづけち》」としての機能をもっていたことと連動していた。この鷹場は、享保期には「御拳場」や「江戸五里四方鷹場」と呼ばれるようになる。

そして、将軍と大名の間には、鷹や鷹狩りの獲物としての「御鷹之鳥」の贈答儀礼が相互に行われ、主従関係を確認するための手段の一つとして機能していた。またそうした関係をより強めるために、将軍は大名に「御鷹之鳥」を振舞って共同飲食し、鷹狩りに供奉《ぐぶ》させていた。これにより、大名は将軍家から受けた栄誉を自家の由緒として築き、家臣に知らしめるために将軍家から下賜された「御鷹之鳥」を振舞うということもみられた。これによって、大名は家臣に主君の権威と主従関係とを確認させる手段として位置づけていたのである。

将軍と大名を結ぶ鷹儀礼には、鷹場（恩賜鷹場《おんしたかば》）の下賜もあった。関ヶ原の戦い後の慶長六年（一六〇一）、徳川家康は仙台藩主伊達政宗《だてまさむね》に鷹場を下賜したのを手始めに、御三家をはじめ有力大名たちに鷹場を下賜し、その鷹場での鷹狩りの獲物の贈答を含めて主従関係の絆を深めたのである。鷹場の下賜儀礼は四代将軍徳川家綱の代まで継承されたが、五代将軍徳川綱吉は一度たりとも執行しなかった。この儀礼を復活させたのも八代将軍徳川吉宗であったが、その下賜対象は御三家や御三卿のみとなり、家綱の代と比べるときわめて縮小されたのであった。将軍吉宗は鷹狩りの復活に並々ならぬ決意で臨んだが、鷹場の範囲と同じように、鷹儀礼のうえでも縮小路線をとったのである。

幕府鷹場のうち御拳場《おこぶしば》は、多少の村数の変動はあったものの大きな変化はみられなかったが、御鷹捉飼場《おたかとりかいば》は江戸時代後期になるにつれて縮小され、その周辺に「縁村《へりむら》」が設定された。この「縁村」は鷹場ではなかったが、御鷹捉飼場と同様殺生禁止とされ、「野廻《のまわ》り」によって管理された。

寛政期になると、御三家のうち水戸徳川家は恩賜鷹場の維持が困難となり、寛政元年（一七八九）七月より「御休場《おやすみば》」、つまり鷹場を休止することにした。ところが、水戸徳川家では同九年十二月に幕府より九〇ヵ村の恩賜鷹場を下賜された。享保期以来、二〇〇ヵ村の規模であったことからすれば半減したのである。こうした「御休場」は天保年間にもあったが、嘉永期には寛政期の規模に復したようである。

こうした事情は、御三卿でも同じであった。清水《しみず》家は宝暦十三年（一七六三）十月に御拳場内に一〇〇ヵ村の御借場《おかしば》を与えられたが、寛政二年正月に倹約という理由で幕府に御借場を返上した。同様に、田安《たやす》・一橋《ひとつばし》両家は元文三年（一七三八）八月に幕府より御拳場内に一九〇ヵ村の御借場を与えられたが、天保十三年（一八四二）十一月に倹約という理由で幕府に御借場を返上した。このなかで、雇用されていた綱差《つなさし》なども解任された。なお、御借場が幕府に返上されたとはいっても、元来御拳場であったわけで、その村々に対する鷹場支配や鷹場負担の命令は幕府によって担われていたのである。

そして、幕府や諸藩は放鷹制度を維持するために町人・百姓を人足《にんそく》として駆り出し、鷹狩りや鷹場を維持した。江戸幕府の場合、江戸時代前期の鷹餌《たかえ》は現物納か代銭納かを問わず百姓役として賦課し、鷹狩りや鷹場にかかわる御用人足は町人・百姓ともに賦課した。

鷹狩りの歴史のなかで、江戸時代に特徴的なことは鷹書が数多く成立して放鷹術の多様さと啓蒙が進み、幕府の場合でいえば、鷹狩りや鷹場を維持するための体制やそのための夫役の徴収体制を整備したということがあげられる。このほか、鷹餌が犬から鳥へと変化してその確保が役人から民間人へと移行し、また鷹狩りの獲物となる鳥も飼育されるようになったということもあった。これは、前者が仏教・儒教思想の台頭、後者が環境変化に伴う獲物の減少という時代状況への対応のあり方として注目されるのである。

このような特徴をもった江戸幕府の放鷹制度であるが、その政治の歩みと照らし合わせると、初代家康から二代秀忠まではあらゆる面で拡大路線をとり、三代家光・四代家綱はその路線を継承したものの維持が困難であった。しかし、五代綱吉は生類憐み政策を断行して放鷹制度を廃止し、その路線を六代家宣《いえのぶ》・七代家継《いえつぐ》も踏襲した。ところが、八代吉宗は放鷹制度の縮小方針をとりながら再興し、その後の歴代将軍もその路線を継承した。しかし、幕末政局の激動のなかで十四代家茂《いえもち》の文久三年（一八六三）の鷹狩りが最後となり、十五代慶喜《よしのぶ》は放鷹制度を廃止した。江戸時代の鷹狩りは、平和な世の中にあって武備の一環を担っていたが、幕末の軍制改革のなかで終焉を迎えたのである。

なお、近代以降の狩猟制度を簡単に述べておきたい。明治十四年（一八八一）、天皇の内旨《ないし》により宮内省の御猟場《ごりょうば》が設けられた。雉子猟場としては習志野原《ならしのはら》（現千葉県船橋市など）・蓮光寺《れんこうじ》（現東京都多摩市）、鴨猟場としては江戸川筋御猟場、鹿猟場としては日光（現栃木県日光市）、猪・鹿猟場としては天城《あまぎ》（現静岡県伊豆市）・雲ケ畑《くもがはた》（現京都府京都市）などがあった。しかし、大正末年に皇室の経費節減のため次々に廃止となって農林省の国営猟区に併合され、戦後は宮内庁が千葉県市川市新浜《にいはま》と埼玉県越谷市とに鴨場を設置している。

これとは別に、戦後、民間でも鷹狩りの技術が受け継がれ、その伝統が継承されていることは喜ばしいかぎりである。

あとがき

私は、犬や鷹そのものとそれほど深いかかわりをもった人生を送っていない。幼少期の我が家では、三毛猫一匹と雑種のスピッツ一匹を飼っていた。犬は可愛く家族に懐いていたが、数年で病気に見舞われ亡くなってしまった。両親と屋敷畑の片隅に埋め弔ったが、この時に動物の死を見つめる機会を与えられ、死の怖さと見送る辛さも味わった。それ以来、犬を飼うことはなかった。それに比べると、同じことを何度も経験したはずなのだが、猫はずっと飼い続けられ、今にいたっている。十八歳で実家を離れた私は、今の猫が何代目になるのかはわからないが、〝猫派〟の家系なのだろう。

鷹についてはまったく縁がなく、鳥類図鑑や動物園で見たぐらいであった。その私が、学生時代、史料調査の一環として東京都・千葉県内などの古文書所蔵者宅を訪れ、数多くの鷹狩り・鷹場史料と出会うことになった。それらの古文書を紐解くうちに、放鷹制度の研究に取り組むことになり、この制度を幕府政治のなかに位置づけようともがくことになった。その成果として、『鷹場史料の読み方・調べ方』（共著、雄山閣出版、一九八五年）、『将軍の鷹狩り』（同成社、一九九九年）、『江戸幕府放鷹制度の研究』（吉川弘文館、二〇〇八年）を上梓した。

そうした研究を続けるうち、綱吉政権の鷹政策を解明せざるを得なくなり、その流れで生類憐み政策についても自分なりの見解を打ち出そうと史料収集に努めることになった。それからまもなく、塚本学氏の『生類をめぐる政治―元禄のフォークロア―』（平凡社、一九八三年）が出版され、歴史学的世界だけでなく民俗学的世界をも盛り込んだ動物にかかわる政治史研究に深い感銘を受けた。個々の歴史事象の評価には見解を異にする点もあり、そうした点を意識してまとめたのが『生類憐みの世界』（同成社、二〇〇六年）であった。

一方で、私は一九九〇年代から鷹狩り研究を生かして環境史研究に波及させることに腐心した。具体的には、鳥類保護や鳥獣駆除の研究に取り組み、いくつかの論文を執筆した。さらに、環境史研究は江戸の都市環境の研究にも及んだ。その成果の一つが『「環境」都市の真実―江戸の空になぜ鶴は飛んでいたのか―』（講談社、二〇〇八年）である。これが契機となって、江戸の都市化によって現象した鳥獣激減や鳥類飼育の問題をも考えるようになった。今でも、人と自然の関係や江戸の都市環境を意識し、ささやかながら環境史研究に取り組んでいる。

大学時代から鷹狩りの政治史を研究し、いくつかの書物を著していたこともあって、NHKの番組「ブラタモリ」で〝鷹狩り〟がテーマとなった際に出演する機会があった。台本では「タモリさんと本物の鷹とを出会わせ、実際に鷹狩りを経験してもらう」となっていたものが、その終了後、タモリさんから突然、「鷹狩り研究者が鷹を飛ばした経験がないなんてダメだよ」との突っ込み発言で、カメラが回るなかで私まで鷹狩りを経験することになった。実際に鷹を手にしたのは、この時がはじめてであった。

鷹の鋭い眼光と嘴《くちばし》・鉤爪《かぎつめ》とが印象的であったが、私の左手に据えられた鷹は大きいわりには意外に軽かった。その鷹はハリスホーク（モモアカノスリ）という種類であり、日本の伝統的な鷹狩りで使われてきた種類ではなかったが、近年ではこの鷹から飼いはじめる人が増えているという。なお、鷹を放った時の爽快感と醍醐味はいまだに忘れられないが、その際、鷹匠《たかじょう》から「馴らし」「仕込み」「使う」にあたっての日常的な訓練の大切さと、鷹との一体感を追求する思いを聞き、鷹遣いの奥深さを改めて感じた。

このように、私の人生のなかで犬や鷹それ自体とのかかわりは希薄なのだが、歴史研究のなかで犬や鷹とは深くかかわってきた。歴史史料から教えられたことも計り知れないが、江戸の絵画や錦絵などからは人の生活や社会のなかでの犬や鷹のありようを視覚的に知ることができた。とくに、「江戸図屛風」や「鷹狩図屛風」、そして錦絵は犬や鷹の歴史を知るうえでも欠かせないものであった。

人は犬や鷹とのかかわりにおいても豊かな歴史や文化を築いてきたが、特に両者が人に調教され、食料調達に果たした歴史的役割は大きい。犬は猟犬として人の狩りに従うとともに、人の食料ともなった。これに対して、鷹は鷹狩り用として人に馴養され、人の食料調達に貢献した。犬と鷹とは、同じような歴史を歩んだ部分もあったが、文化的には異質な部分が多かったのである。

というのは、犬と鷹は権力者の政治制度と深く結びついてそれらを調教する役職が設けられ、それは政治機構としても機能した。しかし、犬は雑食性から葬った死体を貪《むさぼ》ったり、「犬張子《いぬはりこ》」や「狛犬《こまいぬ》」のように魔除けとして用いられたりして、あの世とこの世を行き来する境界動物としての文化性をもっていたという評価もある。そして、鷹は権力者の身近にいて「御鷹《おたか》」としての歩みを遂げたが、一方で鷹の仲間ではないが夜行性の夜鷹《よたか》（ヨタカ目ヨタカ科）の習性と同じであるところから夜間に路上で客を引く下等の娼婦を「夜鷹」といい、鷹の羽毛が抜け落ちるのに譬《たと》えて遊女が患う梅毒を「鳥屋《とや》」といった。このように、犬と鷹とは表と裏、あるいは陽と陰の双方の文化を刻んできたのである。

本書は、そうした性格をもつ犬や鷹の歴史のなかで、五代将軍徳川綱吉《とくがわつなよし》＝「犬公方《いぬくぼう》」と八代将軍徳川吉宗《よしむね》＝「鷹将軍」の犬政策と鷹政策とを検討し、それが当時の社会状況とどのような関係にあったのかをまとめたものである。綱吉と吉宗は、それぞれの個性と時代状況のなかで、犬と鷹にかかわるさまざまな政策を打ち出し、当時の社会に大きな問題を投げかけた。それでも、そうした政策を推進したところに、両者の思いとその時代がもっている特質とがあったように思う。このなかで、両者の犬・鷹政策はまったく相反していたり、その方向性が違ったりしていて、それを受け止めた社会の動向も一様ではなかった。人と動物との関係が多様化していて、一筋縄ではいかなかったことがうかがい知れる。

さて、本書のタイトルは『犬と鷹の江戸時代』となっていて、本来なら江戸時代全般を扱わなければならなかったが、この時代の犬と鷹を浮かび上がらせるためにも「犬公方」と「鷹将軍」の時代に的を絞ってまとめることにし、「〈犬公方〉と〈鷹将軍〉」のサブタイトルを付けた。このようなねらいのため、エピローグで犬と鷹の江戸時代におけるありようについての簡単なまとめをしておいた。これによって、その概要については理解していただけるのではないかと思う。

本書を書き終えてみて、元禄から享保という、魅力ある時代の人と犬・鷹とのありようをどこまで描けているかは心許ないが、元禄から享保にかけての五、六十年の間に大きく揺れ動いたそれらの足跡を感じ取っていただければ幸いである。人と動物との関係は今後もさらに多様化していくであろうし、ともに共生していかなければならないことも事実である。ただ不要になったという理由で動物を迷いもなく捨て、虐待する昨今の一部の人々の生命軽視の風潮に警鐘を鳴らし、サスティナブル（持続可能）な関係をどう築いていくのかを考える機会をもっていただければありがたいし、私は今後とも考えていきたいと思っている。

二〇一五年十一月

根崎光男

参考文献

伊原敏郎著『歌舞伎年表』第一巻、岩波書店、一九五六年
大石学著『吉宗と享保の改革』東京堂出版、一九九五年
太田尚宏著『幕府代官伊奈氏と江戸周辺地域』岩田書院、二〇一〇年
岡崎寛徳「享保期における鷹献上と幕藩関係」『日本歴史』第六二一号、二〇〇〇年
梶島孝雄著『資料 日本動物史』八坂書房、一九九七年
黒田日出男著『増補姿としぐさの中世史』平凡社、二〇〇二年
桜井昭男「綱吉政権期における犬預け政策と村」松尾正人編著『多摩の近世・近代史』中央大学出版部、二〇一二年
白橋聖子・大石学「生類憐みの令と中野犬小屋」東京学芸大学近世史研究会編『近世史研究』第四号、一九九〇年
鈴木則子著『江戸の流行り病―麻疹騒動はなぜ起こったのか―』吉川弘文館、二〇一二年
竹内秀雄「喜多見の犬小屋」『世田谷』第二一号、一九六八年
谷口研語著『犬の日本史―人間とともに歩んだ一万年の物語―』ＰＨＰ研究所、二〇〇二年
塚本学著『生類をめぐる政治―元禄のフォークロア―』平凡社、一九八三年
仁科邦男「トビ、カラス、ハト、犬公方」『動物文学』第七六巻第二号、二〇一〇年

西原亮編著『川柳動物志』太平書屋、二〇〇三年
根崎光男著『将軍の鷹狩り』同成社、一九九九年
根崎光男著『生類憐みの世界』同成社、二〇〇六年
根崎光男著『江戸幕府放鷹制度の研究』吉川弘文館、二〇〇八年
根崎光男著『「環境」都市の真実―江戸の空になぜ鶴は飛んでいたのか―』講談社、二〇〇八年
橋本博編『改訂増補大武鑑』名著刊行会、一九六五年
本間清利著『関東郡代』埼玉新聞社、一九七七年
本間清利著『御鷹場』埼玉新聞社、一九八一年
宮田登著『ヒメの民俗学』（新装版）青土社、一九九三年
村上直・根崎光男著『鷹場史料の読み方・調べ方』雄山閣出版、一九八五年
山室恭子著『黄門さまと犬公方』文藝春秋、一九九八年

参考史料

『会津藩家世実紀』第三・四・六巻、吉川弘文館、一九七七～一九八〇年
『吾妻鏡』（岩波文庫）岩波書店、一九三九年
『入間市史』近世史料編、入間市、一九八六年
「物揃」（『江戸時代落書類聚』上巻）東京堂出版、一九八四年
『江戸町触集成』第一巻、塙書房、一九九四年

「被仰渡留」独立行政法人国立公文書館蔵
『大田区史』（資料編）平川家文書1、大田区、一九七五年
『鸚鵡籠中記』一（『名古屋叢書』続編九～一二、名古屋市教育委員会、一九六五年
「翁草」（『日本随筆大成』）吉川弘文館、一九九六年
『御仕置裁許帳』（『近世法制史料叢書』二）創文社、一九八一年
「御鷹野旧記」独立行政法人国立公文書館蔵
「落穂集」（『江戸史料叢書』）人物往来社、一九六七年
『御触書寛保集成』岩波書店、一九七六年
『御触書宝暦集成』岩波書店、一九七六年
「御場御用留」独立行政法人国立公文書館蔵
「改正甘露叢」一（『内閣文庫史籍叢刊』第四七巻）汲古書院、一九八五年
『加賀藩史料』第五編、侯爵前田家編輯部、一九三二年
『柏市史』資料編五・九、柏市役所、一九七二～一九七三年
『京都御役所向大概覚書』上巻、清文堂、一九七三年
『享保元文諸国産物帳集成』科学書院、一九八五～一九八七年
「教令類纂」二集二（『内閣文庫史籍叢刊』二五）汲古書院、一九八三年
「金魚養玩草」（『日本農書全集』第五九巻）農山漁村文協会、一九九七年
『近世風俗志（守貞謾稿）』（『岩波文庫』黄二六七）、岩波書店、二〇〇一～二〇〇二年

『久喜市史』資料編Ⅱ・近世Ⅰ、久喜市、一九八〇年
「刑銭須知」国立国会図書館蔵
「憲教類典」五（『内閣文庫所蔵史籍叢刊』四一、汲古書院、一九八四年
「犬狗養畜伝」（『日本農書全集』第六〇巻）農山漁村文化協会、一九九六年
「兼山秘策」（『日本経済叢書』第二巻）日本経済叢書刊行会、一九一四年
「元正間記」（『東京市史稿　産業篇』第八）東京都、一九六二年
「公儀御鷹場諸鳥飼付術書」宮内庁書陵部蔵
『越谷市史　三』史料一、越谷市役所、一九七三年
『御当家令條』（『近世法制史料叢書』二、創文社、一九五九年
『御当代記』（『戸田茂睡全集』）国書刊行会、一九一五年
「集義外書」（『増訂蕃山全集』第二冊）名著出版、一九七八年
『常憲院贈大相国公実紀』（『内閣文庫史籍叢刊』一七）汲古書院、一九八二年
『正宝事録』第一巻、日本学術振興会、一九六四年
『庶物類纂』（『近世歴史資料集成』）科学書院、一九八七～一九九一年
『新訂江戸名所図会』（ちくま学芸文庫）筑摩書房、一九九六～一九九七年
『新訂寛政重修諸家譜』続群書類従完成会、一九六四～一九六七年
『新訂民間省要』（村上直校訂）有隣堂、一九九六年
『新編武蔵風土記稿』第七巻、雄山閣、一九七七年

「駿府記」（『當代記・駿府記』）続群書類従完成会、一九九五年
『世田谷区史料』世田谷区、一九五八～一九七五年
『撰要類集』第三、続群書類従完成会、一九七九年
『島津家文書』（『大日本古文書』家わけ第十六ノ二）東京帝国大学文学部史料編纂所、一九四二年
『伊達治家記録』八・十・十六（仙台藩史料大成）宝文堂、一九七六～一九七九年
『竹橋余筆』汲古書院、一九七六年
『竹橋蠹簡』巻四（『竹橋余筆』）汲古書院、一九七六年
『通航一覧』第六、国書刊行会、一九一三年
『綱差役川井家文書』目黒区教育委員会社会教育課、一九八二年
「北叟遺言」（『東京市史稿　産業篇』第八）東京都、一九六二年
『東京市史稿　市街篇』第十二・第十三、東京市役所、一九三一年
「當代記」（『當代記・駿府記』）続群書類従完成会、一九九五年
『徳川禁令考』前集第三、創文社、一九五九年
『徳川禁令考』前集第五、創文社、一九五九年
『徳川実紀』（新訂増補国史大系）第五篇、第六篇、吉川弘文館、一九七六年
『徳川実紀』（新訂増補国史大系）第八篇・第九篇、吉川弘文館、一九七六年
『所沢市史』近世史料1、所沢市、一九七九年
『中野区民生活史』第一巻、中野区、一九八二年

『長崎洋学史』上巻、長崎文献社、一九六六年
『南紀徳川史』（復刻版）清文堂、一九八九～一九九〇年
『日本誌』上巻（今井正翻訳）霞ヶ関出版、一九七三年
『日本書紀』（『日本古典文学大系』六七・六八）岩波書店、一九六五～一九六七年
『邦訳日葡辞書』岩波書店、一九八〇年
『八戸市史』史料編・近世二、八戸市、一九七〇年
『復元江戸情報地図』朝日新聞社、一九九四年
『武家厳制録』（『近世法制史料叢書』三）創文社、一九八一年
『藤沢市史』第三巻・資料編、藤沢市役所、一九七三年
『船橋市史』史料編二、船橋市、一九八八年
「文露叢」（『内閣文庫史籍叢刊』四八）汲古書院、一九八五年
『放鷹』（新装版）吉川弘文館、二〇一〇年
『本朝食鑑』五（『東洋文庫』三九五）平凡社、一九八一年
『武蔵村山市史』資料編・近世、武蔵村山市、二〇〇〇年
『武蔵野市史』続資料編四、武蔵野市、一九八七年
「村野氏年代記」『清瀬市史』清瀬市、一九七三年
『明良洪範』国書刊行会、一九二六年
『八潮市史』史料編近世Ⅰ、八潮市役所、一九八四年

『八潮市史』史料編近世Ⅱ、八潮市役所、一九八七年
『山梨県史』資料編九・近世二・甲府地方、山梨県、一九九六年
「宴遊日記」（『日本庶民文化史料集成』第十三巻）三一書房、一九七七年
『雍州府志』（『岩波文庫』青三三）岩波書店、二〇〇二年
「柳営日次記」独立行政法人国立公文書館蔵
「料理物語」（『続群書類従』第拾九輯下）続群書類従完成会、一九三二年
『和漢三才図会』六（『東洋文庫』四六六）平凡社、一九八七年
『和漢三才図会』一五（『東洋文庫』五一六）平凡社、一九九〇年

著者紹介

一九五四年、茨城県行方市に生まれる
一九八三年、法政大学大学院人文科学研究科博士後期課程満期退学
現在、法政大学人間環境学部・同大学院環境マネジメント研究科（公共政策研究科）教授、博士（歴史学）

主要著書

『将軍の鷹狩り』（同成社、一九九九年）
『生類憐みの世界』（同成社、二〇〇六年）
『江戸幕府放鷹制度の研究』（吉川弘文館、二〇〇八年）
『「環境」都市の真実』（講談社、二〇〇八年）
『日本近世環境史料演習改訂版』（同成社、二〇一一年）

歴史文化ライブラリー
423

犬と鷹の江戸時代
〈犬公方〉綱吉と〈鷹将軍〉吉宗

二〇一六年（平成二十八）四月一日　第一刷発行

著　者　根《ね》崎《さき》光《みつ》男《お》
発行者　吉川道郎
発行所　株式会社　吉川弘文館
東京都文京区本郷七丁目二番八号
郵便番号一一三—〇〇三三
電話〇三—三八一三—九一五一〈代表〉
振替口座〇〇一〇〇—五—二四四
http://www.yoshikawa-k.co.jp/
印刷＝株式会社 平文社
製本＝ナショナル製本協同組合
装幀＝清水良洋・李生美

© Mitsuo Nesaki 2016. Printed in Japan

ISBN978-4-642-05823-0

JCOPY 〈(社)出版者著作権管理機構 委託出版物〉
本書の無断複写は著作権法上での例外を除き禁じられています．複写される場合は，そのつど事前に，(社)出版者著作権管理機構（電話 03-3513-6969，FAX 03-3513-6979，e-mail: info@jcopy.or.jp）の許諾を得てください．

歴史文化ライブラリー

1996.10

刊行のことば

現今の日本および国際社会は、さまざまな面で大変動の時代を迎えておりますが、近づきつつある二十一世紀は人類史の到達点として、物質的な繁栄のみならず文化や自然・社会環境を謳歌できる平和な社会でなければなりません。しかしながら高度成長・技術革新にともなう急激な変貌は「自己本位な刹那主義」の風潮を生みだし、先人が築いてきた歴史や文化に学ぶ余裕もなく、いまだ明るい人類の将来が展望できていないようにも見えます。このような状況を踏まえ、よりよい二十一世紀社会を築くために、人類誕生から現在に至る「人類の遺産・教訓」としてのあらゆる分野の歴史と文化を「歴史文化ライブラリー」として刊行することといたしました。

小社は、安政四年（一八五七）の創業以来、一貫して歴史学を中心とした専門出版社として書籍を刊行しつづけてまいりました。その経験を生かし、学問成果にもとづいた本叢書を刊行し社会的要請に応えて行きたいと考えております。

現代は、マスメディアが発達した高度情報化社会といわれますが、私どもはあくまでも活字を主体とした出版こそ、ものの本質を考える基礎と信じ、本叢書をとおして社会に訴えてまいりたいと思います。これから生まれでる一冊一冊が、それぞれの読者を知的冒険の旅へと誘い、希望に満ちた人類の未来を構築する糧となれば幸いです。

吉川弘文館

歴史文化ライブラリー

近世史

神君家康の誕生 東照宮と権現様 — 曽根原 理
江戸の政権交代と武家屋敷 — 岩本 馨
江戸の町奉行 — 南 和男
江戸御留守居役 近世の外交官 — 笠谷和比古
検証 島原天草一揆 — 大橋幸泰
大名行列を解剖する 江戸の人材派遣 — 根岸茂夫
江戸大名の本家と分家 — 野口朋隆
赤穂浪士の実像 — 谷口眞子
〈甲賀忍者〉の実像 — 藤田和敏
江戸の武家名鑑 武鑑と出版競争 — 藤實久美子
武士という身分 城下町萩の大名家臣団 — 森下 徹
旗本・御家人の就職事情 — 山本英貴
武士の奉公 本音と建前 江戸時代の出世と処世術 — 高野信治
宮中のシェフ、鶴をさばく 江戸時代の朝廷と庖丁道 — 西村慎太郎
馬と人の江戸時代 — 兼平賢治
犬と鷹の江戸時代 〈犬公方〉綱吉と〈鷹将軍〉吉宗 — 根崎光男
江戸時代の孝行者 「孝義録」の世界 — 菅野則子
死者のはたらきと江戸時代 遺訓・家訓・辞世 — 深谷克己
近世の百姓世界 — 白川部達夫
江戸の寺社めぐり 鎌倉・江ノ島・お伊勢さん — 原 淳一郎
宿場の日本史 街道に生きる — 宇佐美ミサ子
〈身売り〉の日本史 人身売買から年季奉公へ — 下重 清
江戸の捨て子たち その肖像 — 沢山美果子
歴史人口学で読む江戸日本 — 浜野 潔
それでも江戸は鎖国だったのか オランダ宿 日本橋長崎屋 — 片桐一男
江戸の文人サロン 知識人と芸術家たち — 揖斐 高
江戸と上方 人・モノ・カネ・情報 — 林 玲子
エトロフ島 つくられた国境 — 菊池勇夫
災害都市江戸と地下室 — 小沢詠美子
浅間山大噴火 — 渡辺尚志
江戸時代の医師修業 学問・学統・遊学 — 海原 亮
江戸の流行り病 麻疹騒動はなぜ起こったのか — 鈴木則子
江戸幕府の日本地図 国絵図・城絵図・日本図 — 川村博忠
江戸城が消えていく 『江戸名所図会』の到達点 — 千葉正樹
都市図の系譜と江戸 — 小澤 弘
江戸の地図屋さん 販売競争の舞台裏 — 俵 元昭
近世の仏教 華ひらく思想と文化 — 末木文美士
江戸時代の遊行聖 — 圭室文雄
江戸の風刺画 — 南 和男
幕末維新の風刺画 — 南 和男
ある文人代官の幕末日記 林鶴梁の日常 — 保田晴男

歴史文化ライブラリー

幕末の世直し 万人の戦争状態――須田 努
幕末の海防戦略 異国船を隔離せよ――上白石 実
江戸の海外情報ネットワーク――岩下哲典
黒船がやってきた 幕末の情報ネットワーク――岩田みゆき
幕末日本と対外戦争の危機 下関戦争の舞台裏――保谷 徹

近・現代史

五稜郭の戦い 蝦夷地の終焉――菊池勇夫
幕末明治 横浜写真館物語――斎藤多喜夫
横井小楠 その思想と行動――三上一夫
水戸学と明治維新――吉田俊純
大久保利通と明治維新――佐々木 克
旧幕臣の明治維新 沼津兵学校とその群像――樋口雄彦
維新政府の密偵たち 御庭番と警察のあいだ――大日方純夫
明治維新と豪農 古橋暉皃の生涯――高木俊輔
京都に残った公家たち 華族の近代――刑部芳則
文明開化 失われた風俗――百瀬 響
西南戦争 戦争の大義と動員される民衆――猪飼隆明
大久保利通と東アジア 国家構想と外交戦略――勝田政治
明治外交官物語 鹿鳴館の時代――犬塚孝明
自由民権運動の系譜 近代日本の言論の力――稲田雅洋
明治の政治家と信仰 クリスチャン民権家の肖像――小川原正道
福沢諭吉と福住正兄《ふくずみまさえ》 世界と地域の視座――金原左門
日赤の創始者 佐野常民《つねたみ》――吉川龍子
文明開化と差別――今西 一
アマテラスと天皇 〈政治シンボル〉の近代史――千葉 慶
明治の皇室建築 国家が求めた〈和風〉像――小沢朝江
皇居の近現代史 開かれた皇室像の誕生――河西秀哉
明治神宮の出現――山口輝臣
神都物語 伊勢神宮の近現代史――ジョン・ブリーン
日清・日露戦争と写真報道 戦場を駆ける写真師たち――井上祐子
博覧会と明治の日本――國 雄行
公園の誕生――小野良平
啄木短歌に時代を読む――近藤典彦
東京都の誕生――藤野 敦
町火消たちの近代 東京の消防史――鈴木 淳
鉄道忌避伝説の謎 汽車が来た町、来なかった町――青木栄一
軍隊を誘致せよ 陸海軍と都市形成――松下孝昭
家庭料理の近代――江原絢子
お米と食の近代史――大豆生田 稔
日本酒の近現代史 酒造地の誕生――鈴木芳行
失業と救済の近代史――加瀬和俊
選挙違反の歴史 ウラからみた日本の一〇〇年――季武嘉也

歴史文化ライブラリー

海外観光旅行の誕生――有山輝雄
関東大震災と戒厳令――松尾章一
モダン都市の誕生 大阪の街・東京の街――橋爪紳也
激動昭和と浜口雄幸――川田　稔
昭和天皇側近たちの戦争――茶谷誠一
海軍将校たちの太平洋戦争――手嶋泰伸
植民地建築紀行 満洲・朝鮮・台湾を歩く――西澤泰彦
帝国日本と植民地都市――橋谷　弘
稲の大東亜共栄圏 帝国日本の〈緑の革命〉――藤原辰史
地図から消えた島々 幻の日本領と南洋探検家たち――長谷川亮一
日中戦争と汪兆銘《おうちょうめい》――小林英夫
モダン・ライフと戦争 スクリーンのなかの女性たち――宜野座菜央見
彫刻と戦争の近代――平瀬礼太
特務機関の謀略 諜報とインパール作戦――山本武利
首都防空網と〈空都〉多摩――鈴木芳行
陸軍登戸研究所と謀略戦 科学者たちの戦争――渡辺賢二
帝国日本の技術者たち――沢井　実
〈いのち〉をめぐる近代史 堕胎から人工妊娠中絶へ――岩田重則
戦争とハンセン病――藤野　豊
「自由の国」の報道統制 大戦下の日系ジャーナリズム――水野剛也
敵国人抑留 戦時下の外国民間人――小宮まゆみ
銃後の社会史 戦死者と遺族――一ノ瀬俊也
海外戦没者の戦後史 遺骨帰還と慰霊――浜井和史
国民学校 皇国の道――戸田金一
学徒出陣 戦争と青春――蜷川壽惠
〈近代沖縄〉の知識人 島袋全発の軌跡――屋嘉比　収
沖縄戦 強制された「集団自決」――林　博史
戦後政治と自衛隊――佐道明広
米軍基地の歴史 世界ネットワークの形成と展開――林　博史
沖縄 占領下を生き抜く 軍用地・通貨・毒ガス――川平成雄
昭和天皇退位論のゆくえ――冨永　望
紙　芝居 街角のメディア――山本武利
団塊世代の同時代史――天沼　香
闘う女性の20世紀 地域社会と生き方の視点から――伊藤康子
丸山真男の思想史学――板垣哲夫
文化財報道と新聞記者――中村俊介

文化史・誌

毘沙門天像の誕生 シルクロードの東西文化交流――田辺勝美
世界文化遺産　法隆寺――高田良信
落書きに歴史をよむ――三上喜孝
密教の思想――立川武蔵
霊場の思想――佐藤弘夫

歴史文化ライブラリー

四国遍路 さまざまな祈りの世界――星野英紀・浅川泰宏
跋扈《ばっこ》する怨霊 祟りと鎮魂の日本史――山田雄司
将門伝説の歴史――樋口州男
藤原鎌足、時空をかける 変身と再生の日本史――黒田 智
変貌する清盛 『平家物語』を書きかえる――樋口大祐
鎌倉 古寺を歩く 宗教都市の風景――松尾剛次
空海の文字とことば――岸田知子
鎌倉大仏の謎――塩澤寛樹
日本禅宗の伝説と歴史――中尾良信
水墨画にあそぶ 禅僧たちの風雅――高橋範子
日本人の他界観――久野 昭
観音浄土に船出した人びと 熊野と補陀落渡海――根井 浄
殺生と往生のあいだ 中世仏教と民衆生活――苅米一志
浦島太郎の日本史――三舟隆之
宗教社会史の構想 真宗門徒の信仰と生活――有元正雄
読経の世界 能読の誕生――清水眞澄
戒名のはなし――藤井正雄
墓と葬送のゆくえ――森 謙二
仏画の見かた 描かれた仏たち――中野照男
ほとけを造った人びと 止利仏師から運慶・快慶まで――根立研介
〈日本美術〉の発見 岡倉天心がめざしたもの――吉田千鶴子

祇園祭 祝祭の京都――川嶋將生
洛中洛外図屏風 つくられた〈京都〉を読み解く――小島道裕
茶の湯の文化史 近世の茶人たち――谷端昭夫
海を渡った陶磁器――大橋康二
時代劇と風俗考証 やさしい有職故実入門――二木謙一
乱舞の中世 白拍子・乱拍子・猿楽――沖本幸子
歌舞伎と人形浄瑠璃――田口章子
神社の本殿 建築にみる神の空間――三浦正幸
古建築修復に生きる 屋根職人の世界――原田多加司
大工道具の文明史 日本・中国・ヨーロッパの建築技術――渡邉 晶
苗字と名前の歴史――坂田 聡
日本人の姓・苗字・名前 人名に刻まれた歴史――大藤 修
読みにくい名前はなぜ増えたか――佐藤 稔
数え方の日本史――三保忠夫
大相撲行司の世界――根間弘海
武道の誕生――井上 俊
日本料理の歴史――熊倉功夫
吉兆 湯木貞一 料理の道――末廣幸代
アイヌ文化誌ノート――佐々木利和
流行歌の誕生 「カチューシャの唄」とその時代――永嶺重敏
話し言葉の日本史――野村剛史

歴史文化ライブラリー

歴史文化ライブラリー

考古学

タネをまく縄文人 最新科学が覆す農耕の起源――小畑弘己
農耕の起源を探る イネの来た道――宮本一夫
O脚だったかもしれない縄文人 人骨は語る――谷畑美帆
老人と子供の考古学――山田康弘
〈新〉弥生時代 五〇〇年早かった水田稲作――藤尾慎一郎
交流する弥生人 金印国家群の時代の生活誌――高倉洋彰
古　墳――土生田純之
東国から読み解く古墳時代――若狭　徹
神と死者の考古学 古代のまつりと信仰――笹生　衛
銭の考古学――鈴木公雄
太平洋戦争と考古学――坂詰秀一

各冊一七〇〇円〜一九〇〇円（いずれも税別）
▽残部僅少の書目も掲載してあります。品切の節はご容赦下さい。